国家出版基金项目
NATIONAL PUBLICATION FOUNDATION

上海高校服务国家重大战略出版工程资助项目

公共经济与城市社会治理创新研究丛书

总主编　吴柏钧

城市基层矛盾纠纷化解的社会机制研究

——基于人民调解组织的考察

赵方杜　石阳阳　鲍丙习　著

華東理工大學出版社
EAST CHINA UNIVERSITY OF SCIENCE AND TECHNOLOGY PRESS
·上海·

图书在版编目(CIP)数据

城市基层矛盾纠纷化解的社会机制研究：基于人民调解组织的考察／赵方杜，石阳阳，鲍丙习著. —上海：华东理工大学出版社，2021.5

ISBN 978-7-5628-6365-6

Ⅰ.①城… Ⅱ.①赵… ②石… ③鲍… Ⅲ.①民事纠纷—调解(诉讼法)—研究—中国 Ⅳ.①D925.114

中国版本图书馆 CIP 数据核字(2021)第 057057 号

内 容 提 要

本书主要对城市基层矛盾纠纷化解的社会机制展开研究。基于对上海市浦东新区人民调解组织的调查，本书首先分析了人民调解组织发展的现实需求及整体状况；其次，以人民调解工作室、专调中心为例，分别剖析基层人民调解组织、专业化调解组织的运作机制；再次，从纵向网络、横向联结两个层面，分析人民调解组织与既有制度体系的互动与合作；最后，反思由此形成的应对新时期基层社会风险的互嵌式治理逻辑。

本书可供从事基层治理、人民调解的政府、高校、研究机构的专业人员借鉴学习，也可作为高等院校相关专业的参考用书。

项目统筹／马夫娇　韩　婷
责任编辑／章斯纯
装帧设计／吴佳斐
出版发行／华东理工大学出版社有限公司
地址：上海市梅陇路 130 号，200237
电话：021-64250306
网址：www.ecustpress.cn
邮箱：zongbianban@ecustpress.cn
印　　刷／上海中华商务联合印刷有限公司
开　　本／710 mm×1000 mm　1/16
印　　张／13.5
字　　数／201 千字
版　　次／2021 年 5 月第 1 版
印　　次／2021 年 5 月第 1 次
定　　价／138.00 元

公共经济与城市社会治理创新研究丛书

编委会

公共经济与城市社会治理创新研究丛书

总　序

当前，中国社会经济发展和结构变化呈现了许多新的特点。在经济增长与结构变动方面，一个显著的特点是公共经济部门对国民经济增长的贡献率持续上升。尤其是在2008年世界金融危机以后，为抵御经济衰退，维持较高速度的经济增长和社会稳定，我国政府在公共基础设施建设上持续投入了大量的资金。同时，在城市化和人口制度变革的背景下，为回应人们对保障公共安全和增进社会福利的需要，政府在对教育、卫生、安全和社会保障等公共服务领域的投入上也有了快速增长，这使得经济性和非经济性公共产品的供给成为社会总供给的重要组成部分，甚至在某些年份，公共产品投资和供给已成为边际经济增长的决定性因素。

在社会发展和结构变化方面，尽管整体的社会形态和权力结构变动较小，但非农劳动力、中等收入阶层和私人资本阶层等基于现代经济活动而产生的社会力量的影响力不断增强，其正潜移默化地改变着我国的社会结构，深刻影响着社会利益格局。在生产和生活方式日益市场化和社会化的过程中，基层民众的思想观念、社会需求和诉求发生了很大变化，这为政府在社会治理中如何精准掌握人们的需求偏好和行为动态增加了难题，对如何有效实施社会服务和社会保障提出了挑战。同时，社会流动的不断增强使得公共安全和环境风险持续上升，这对传统的行政管理体制和政府自上而下的治理机制形成了巨大挑战，对现代政治和经济建设中的中国如何重构基层社会治理结构与机制提出了新的要求。

当前社会经济变革与转型使我们对未来的发展形成了许多不确定的判断。但如果不考虑制度变迁因素，我们可能会更清晰地认识社会经济演化的规律。纵观人类社会发展的历史，技术的变化、私人产品生产方式的变革和竞争机制等为人们摆脱自然束缚、追求自由丰富的生活提供了保障，但其却不能保障社会成员提高基础性的、公平享有的生活质量，也无法保障其社会安全。无论是实施行政计划机制还是市场机制，公共产品和服务的供给在产品和服务性质上总能为社会成员提供共同享有的广义福利增进效用。与此同时，许多国家在私人产品部门发展、增加社会财富的过程中产生了贫富差异和社会不公，而公共产品部门发展在提升整体的社会福利和安全保障的过程中又产生了资源错配、供给效率低下、官僚特权和行政垄断等问题。所以，人们始终在寻求合适的制度去约束私人产品生产的过度竞争和分配不公，也通过制度安排在公共产品部门规模扩大的过程中提高供给效率。从全球经济发展趋势来看，随着经济的发展和居民收入水平的提高，公共产品部门在经济社会发展中的功能和作用会逐步提升，其资产规模和占总供给的比重在不断增加，这反映了社会经济不断发展的一种状态和趋势。从这个角度去理解，我们可以认为中国公共产品部门的革新正是经济社会快速发展的体现。近几十年来，中国公共产品部门的发展在一定程度上反映了社会经济结构的根本性变化。

可以预期，在这样的社会经济结构转型过程中，不仅私人产品部门的发展会遇到技术、市场和制度的变革问题，公共产品部门也将面临许多新挑战：

第一，社会资源在私人产品部门与公共产品部门之间的配置问题。这要求政府根据经济增长、市场需求和社会需要在私人产品部门与公共产品部门之间合理地配置资源，以实现个人需求与社会需求的均衡状态，达到适度的经济增长和社会福利的增进，从而兼顾经济发展和社会公平。

第二，公共产品部门的供给有效性问题。根据中国的国情，从理论上解决真实地显示民众需求偏好的问题，采取合适的公共选择方式，并对公共产品实施高效管理，涉及一国的公共产品供给体制与机制，也涉及政治、技术、市场和社会文化等方面，但核心问题在于政治经济体制的安排和机制的设计。如何破除原先“全能型政府”的窠臼，真正做到以人民为中心，政府应有所为而有所不为，放权给基层，为社会组织的发育及其履行社会治理职能释放空间。同时，政府也要通过制度安排和政治程序，改革现有的政府主导的公共产品供给机制，探讨适合中国实际的多元合作的公共产品供给机制。

第三，如何打造共建共治共享的社会治理格局，建立“人人有责、人人尽责、人人享有”的社会治理共同体，怎样处理政府行政主导与社会组织生长问题。这要求服务供给方激发民众参与社区治理的热情，提高社区工作者、社区事务参与者的能力和水平。

第四，如何创新基层治理方式问题。这要求基层社会治理成为国家治理的基石和重心，成为国家治理体系和治理能力现代化的基础性环节。同时，政府要通过制度安排和法治手段消除基层治理的“空转”现象，建立适应多元治理主体的治理方式，摆脱社区机构及其事务的行政化困境，构建去行政化的社区基层组织的有效运行体系和运行机制（包括资源筹措、公共服务提供、公共事务决策等）。

第五，如何基于互联网、大数据和人工智能等新技术，创新公共产品生产和供给方式，提高公共服务效率，改善社区基层治理。这要求服务供给方利用信息技术获取社会成员对公共产品和服务的真实需求，为公共政策的决策提供充足信息，为政策实施的监督和绩效评估提供技术手段，以实现有效配置资源和有效供给的目标。

基于上述对中国社会经济长期发展和结构变化的理解，华东理工大学社会科学高等研究院在成立之初就确立了研究宗旨，希望在宏大的社会经济变迁格局下，立足社会基层和微观经济层面，对中国社会经济的发展有一个细微的观察和局部的剖析。这些年来，在华东理工大学成长起来的一批公共经济学、社会学和公共管理学科的年轻教师聚焦于公共经济与基层社会治理研究领域，承担了诸多国际合作和国家基金的课题，他们大致围绕三大主题开展了一系列研究：一是研究公共经济部门发展的基本理论与中国的实践，特别是通过学科交叉研究和多研究范式融合，探讨社会发展过程中公共经济与社会治理的结构关系和内在机制；二是在互联网、大数据和人工智能等新技术条件下研究公共经济和社会治理的新方式与新形态；三是对公共基础设施、公共服务、社区基层治理等领域开展社会调查、田野实验和经验实证分析，试图发现一些有中国特色的、有益的实践经验，以检讨和修正经典的理论观点，拓展理论研究的范畴。本丛书就是我们对前期研究工作的一个初步总结，各分册也大致体现了这几个方面的研究主题。

本丛书的内容主要涉及公共经济、社会治理和社会政策领域。不论属于哪个学科，研究大都基于公共经济学和公共管理学理论，以跨学科的方式来探讨公共经济和社会治理中的科学问题；针对政策问题，我们也以不同学科的视角加以研究。

本丛书中有 5 本著作可以归属于公共经济领域。其中，《城市公共产品有效供给机制研究》梳理了公共产品供给理论和研究文献，探讨了我国公共产品供给的机制及其改革得失，重点对城市公共基础设施和公共服务领域的投融资、生产和分配进行了实证分析。《城市基础设施与经济发展研究》总结了中国社会 70 年来在基础设施建设方面所取得的成就与面临的挑战，从财政分权和比较制度分析等理论视角揭示了基础设施影响地区经济发展的内在机制；其利用计量经济分析探索了中国基础设施建设对市场融合、开放发展和民生改善的影响，从政治经济学的理论视角提出了促进基础设施供给模式创新的治理基础与实现路径。《环境公共品的有效供给机制及路径研究》对多种环境公共品的供给机制进行了研究，重点研究了人们较少关注的家庭部门在环境治理中的功能与行为模式；其把家庭部门作为供给主体，将代际因素纳入考虑范围，并基于环境公共品的三种价值评估法构建了环境公共品的有效供给理论模型。《城市公共服务空间布局特征及综合能力评价》基于大数据技术，对城市公共服务的发展过程、资源规模、空间布局及服务能力等状况进行了综合分析，客观分析了影响城市公共服务的因素，并提出了优化城市公共服务的策略。有意思的是，《城市共享平台的多元协同治理研究》以共享经济为研究对象，探讨了广泛存在的私人产品公共性问题，该书全面梳理了国内外城市共享平台的发展模式、治理经验及作用机制，提出了自行治理优先、政府监督、社会辅助的共享平台多元协同治理的概念。这项研究突破了传统的城市公共产品供给限制，对新技术环境中私人产品公共消费和生产方式的革命性变化进行了开创性研究。从总体上来看，这些著作以基础设施、环境保护、污染治理等城市主要公共产品和服务为研究对象，分析了我国城市公共产品和服务供给的特征及内在运作机制，并对这些领域的公共产品有效供给提出了制度性改革等政策建议。

本丛书中有5本著作研究了城市社会治理问题。《城市移民与公共治理研究》把城市治理放在城市化过程中加以考虑，研究了如何从移民管制转化为移民服务，并借以提升移民治理水平，使移民尽快融入城市。《城市公共安全风险防控体系研究》针对城市公共安全事故频发的现实，系统分析了城市公共安全问题的源头和类型，在深刻解析城市安全风险发生原因的基础上，探讨了有效的安全风险防控内在机制，构建了城市安全风险防控体系。《城市基层矛盾纠纷化解的社会机制研究》以近年来蓬勃发展的人民调解组织为例，剖析以其为代表的社会力量参与城市基层矛盾纠纷化解的现实需求、功能定位、组织网络、运作机制与发展逻辑等，以探索“中国式风险社会”的社会治理机制。《城市社区治理中整合性服务模式建构研究》以上海社区基层治理实践为例，从街道体制改革、政府购买服务、社区社会组织发展和社会力量参与社会治理与社区工作者队伍建设等各个角度考察了基层社会治理的发展状态，深度揭示了基层社会治理存在的新问题，剖析了深层次的社会性和结构性原因，并在此基础上探索现代基层社会治理的治理元素、创新流程和关键环节，提出了构建特大城市基层社会治理体系和实务模式的新设想。《中国城市社区基金会发展及运作研究》以城市社区基金会为研究对象，对行政驱动逻辑下社区基金会的成长环境、本土化特征、治理结构、功能作用进行了实证分析，以此探讨了中国政治体制下的基层社会组织的发展路径和运行机制。

本丛书出版之际，中国刚经历了新型冠状病毒感染的肺炎疫情。在经历“非典”疫情不到20年的时间里，此次规模巨大的全球性公共卫生灾难的暴发再次证明人类尊重自然规律的重要性，同时也提醒我们，应不断反思公共卫生体制和机制改革的有效性问题，反思现行社会治理体制的弊端和公共政策实施的偏差问题。值得欣慰的是，疫情在我国很快得到控制，特别是抗疫措施在全国范围内得到严格实施，这充分显示了社区基层组织在公共事件中的动员能力和应对能力，体现了社会治理制度变革中建立基于社会组织和民众参与的多元供给机制的重要性，也再次证明了在现代化强国的建设过程中建立有效的公共产品供给制度的重要性。

本丛书的出版得到了国家出版基金和上海市文教结合“高校服务国家重大战略出版工程”资助项目的资助。能够获得资助且得到高质量的出版，要感谢华东理工大学出版社的鼎力支持！本丛书中的部分著作是上海市教委科研创新计划项目重大课题“城市公共产品供给机制研究”的成果，特此说明，并感谢资助部门！

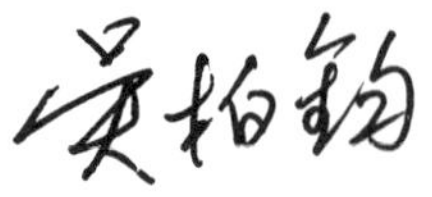

2020 年 5 月 20 日

前言

foreword

随着社会转型的加速，社会结构不断分化与重组，社会利益关系不断调整，不同阶层和群体的社会心态趋于多元化，这使得基层矛盾纠纷呈现多样化、复杂化的趋势。在这样的背景下，传统以政府为主导的矛盾纠纷化解模式难以有效适应错综复杂的解纷需求，市场的选择偏好和逆向选择容易导致市场失灵，作为社会力量的人民调解组织得以被重新重视和发展起来，以组织化、专业化的方式深度参与到基层矛盾纠纷化解中。这能够在一定程度上纠正政府失灵和市场失灵，提高风险治理的效能和水平，推进基层社会治理体系和治理能力的现代化。

本书以上海市浦东新区人民调解组织为例，以嵌入性治理为分析视角，利用深度访谈资料，对人民调解组织参与基层矛盾纠纷化解的路径与机制进行系统研究。本书的主要研究步骤是：首先，在社会风险积聚与治理转型的现实背景下，分析人民调解组织参与基层矛盾纠纷化解的现实需求及组织发展状况；其次，以人民调解工作室、专调中心为例，分别剖析基层人民调解组织、专业化调解组织的运作实践；再次，从纵向网络、横向联结两个层面，分析人民调解组织与国家既有的风险治理体系的互动和合作；最后，反思由此导致的新时期政社关系的变革与重塑。

研究主要有以下发现。第一，人民调解组织参与基层矛盾纠纷化解呈现出两种运作机制：一种是被“催生”“吸纳”和限定的基层人民调解组织，是准社会化运作；另一种是在拓展中逐渐“走出去”的专业调解组织，是社会化、准市场化运作。第二，通过纵向的层级嵌套、横向的委托代理两种路径，人民调解组织逐渐被整合进国家的社会风险治理体系。纵向来看，人民调解组织形成了“区—街镇—居村”[①] 三级调解网络，构建了社会组织参与风险治理的整体合力。横向来看，人民调解组织通过与法院的诉调对接、与派出所的警民联调、与信访办的访调对接，形成了政社协同的工作格局，完善了“三调联动”工作机制。第三，人民调解组织参与矛盾纠纷化解体现了互嵌式治理的逻辑。通过制度互嵌、关系互嵌、功能互嵌和结构互嵌，人民调解组织被纳入国家治理系统中，人民调解组织也借此机会获得发展。虽然政社双方“互嵌力不均衡”，但互嵌式治理在一定程度上优化了国家与社会之间的关系模式，在互动、合作中形成了“国家中的社会”和“社会中的国家”。

① 本书中所使用的“居村”为居委会与村委会的简称，“街镇”为街道与乡镇的简称。

目　录

contents

第一章　导论：社会风险治理的社会化转向

第一节　风险治理困境及社会治理机制的发展

一、基层矛盾纠纷化解中人民调解组织的勃兴

随着我国经济社会的快速转型与发展，社会结构剧烈变动，利益格局深刻调整，价值观念显著变化，使得传统矛盾纠纷（如婚姻家庭纠纷、邻里纠纷、债务纠纷等）高发频发，专业性、行业性矛盾纠纷（如医疗、交通、物业、劳动争议等民生领域的纠纷，以及投资、金融、知识产权等市场领域的纠纷）也呈急速攀升之势，基层社会面临的不确定性与社会风险不断增多。如何有效地预防和化解矛盾纠纷、加强社会风险治理成为一个迫切需要解决的现实问题。现有的研究更多把政府当作风险治理的主体，或关注市场机制在风险治理中的作用，对风险治理的社会机制则关注不足。

社会风险治理既是社会治理的重要内容，也是关乎国家安全、社会有序、人民安居乐业的重要环节。党的十八届三中全会明确提出要“创新社会治理体制”，“改进社会治理方式……发挥政府主导作用，鼓励和支持社会各方面参与”，“激发社会组织活力，正确处理政府和社会关系，加快实施政社分开，推进社会组织明确权责、依法自治、发挥作用”。党的十九大报告进一步指出：“打造共建共治共享的社会治理格局。加强社会治理制度建设，完善党委领导、政府负责、社会协同、公众参与、法治保障的社会治理体制，提高社会治理社会化、法治化、智能化、专业化水平。加

强预防和化解社会矛盾机制建设，正确处理人民内部矛盾。”这无疑为基层矛盾纠纷的化解指明了方向。

近年来，上海市浦东新区在面临经济社会快速发展所带来的传统矛盾纠纷与新型矛盾纠纷并存、矛盾纠纷化解的专业性较高、矛盾纠纷化解的困难性与复杂性增加等问题时，注重发挥各类人民调解组织在矛盾纠纷预防及多元化解机制中的基础性作用，使之成为化解人民内部矛盾、维护社会和谐稳定的“第一道防线”，推动了“枫桥经验”的新发展。而且，以人民调解组织为代表的社会力量参与矛盾纠纷化解，也是“创新社会治理”“改进社会治理方式”的有效途径，有助于形成共建共治共享的社会治理新格局，推进国家治理体系和治理能力的现代化。

因此，本书聚焦于上海市浦东新区人民调解组织，以嵌入性治理为分析视角，基于实证调研和深度访谈资料，对这类社会组织参与矛盾纠纷化解和社会风险治理的路径与机制进行系统研究。本书的研究问题是，与传统的以政府、市场作为主体的矛盾纠纷化解和风险治理机制相比，以人民调解组织为代表的社会力量在矛盾纠纷化解与社会风险治理中的作用是如何发挥的，其作用的路径与机制是什么？这些社会力量与传统的以政府为主导的风险治理体系的关系是怎样的，它们是如何互动的？人民调解组织参与矛盾纠纷化解与社会风险治理，体现了怎样的基层社会治理逻辑？本书将围绕上述三个问题具体展开研究。

二、社会风险治理的理论与政策推进

本研究的意义主要表现在如下两个方面。

（一）理论意义

一方面，丰富社会风险治理理论的发展。在风险治理中，政府机制主要通过社会政策、社会保障、社会救助等宏观调控的手段协调社会关系，促进社会发展，保卫社会安全，在风险治理中发挥着显著作用。而市场机制主要利用风险偏好机制转移和分担社会风险，以达到风险治理的目的。人民调解类社会组织参与矛盾纠纷化解是风险治理中社会机制的重要体现，社会组织代表着基层社会的重要力量，近些年在国家宏观政策的指引下发展迅速并在多个社会服务领域发挥着重要作用。这对丰富社会风险治理理论具有重要意义。

另一方面，丰富嵌入性理论的发展。嵌入性理论最初起源于西方经济学领域，用于分析经济行为与其所在的社会之间的关系，后来逐渐拓展到研究经济学中的组织行为与关系等方面。这一理论传到国内后，以往的研究更多关注专业社会工作的嵌入式发展以及社会工作参与社区治理的过程。显然，本书所论及的人民调解类社会组织最初在政府的推动下逐渐发展，并参与到基层矛盾纠纷化解中，这也在一定程度上体现了嵌入性理论与基层风险治理的亲和性。本书以嵌入性理论为分析视角，审视与反思调解类社会组织在基层矛盾纠纷化解过程中的作用，有利于推动嵌入性理论的发展。

（二）实践意义

一方面，为推动“创新社会治理”“改进社会治理方式”提供地方实践经验。党的十九大报告指出，要“加强社区治理体系建设，推动社会治理重心向基层下移，发挥社会组织作用，实现政府治理和社会调节、居民自治良性互动”。浦东新区在面临纷繁复杂的基层矛盾纠纷时，充分发挥了各类人民调解组织的作用。社会组织参与人民调解，使得政府部门在矛盾纠纷的处理中相对灵活，既可以从具体的纠纷调解事务中解脱出来，专注于政策制定和监督执行，也能避免因“裁判员”和“运动员”的双重身份而导致矛盾纠纷调处有失公平公正。社会组织具有贴近民众、专业水平高、反应迅速和运转灵活等优势，社会组织参与矛盾纠纷调处，为矛盾双方提供了一条经济、便利的纠纷解决渠道，能帮助其更好、更快地维护自身的合法权益。这为社会平稳运行提供了必要的“减压阀”和“润滑剂”，为建构基层矛盾纠纷化解的社会机制提供了宝贵的地方经验。

另一方面，有利于促进人民调解组织的发展，盘活社会治理资源。上海经济社会发展程度高，公众维权意识强，矛盾纠纷易发多发。众多专业化的人民调解类社会组织作为第三方参与其中，能够使人民调解、行政调解、司法调解和仲裁调解等纠纷解决方式形成有效对接，丰富多元化矛盾纠纷解决机制，减少一般性矛盾纠纷对司法资源的占用。而且，人民调解类社会组织的参与，有利于建立不同阶层、群体之间的诉求表达机制和利益平衡机制，使其在政府与民众之间发挥桥梁和纽带作用，促进政府、市场和社会多方力量的整合。这有利于推动调解类社会组织、社会力量的发展，提升“大调解”体系的运转效率，进一步盘活国家治理、社会治理资源，形成治理体系中的“柔性力量”，促进社会和谐稳定。

第二节 社会风险治理与人民调解组织的内涵

一、社会风险

“风险”（risk）一词最初是指客观的自然灾害和危险，用以形容航海贸易中可能遇到的暗礁、风暴等海难，以及从而招致损失的危险。而后，“风险”一词逐渐与人类的认识和实践发生联系，例如为了规避可能遭遇的危险而发明的保险制度。① 随着风险理论的发展，有学者认为，风险是一种发生危险的可能性；也有学者认为，风险是个人和群体在未来遇到的伤害的可能性以及对这种可能性的判断与认知。②

随着人们对风险认知的深化，风险被划分为诸多类型，社会风险就是其中一种。宋林飞从社会冲突的视角界定社会风险，认为社会冲突就是一种社会风险，社会风险是社会所难以承受的某种损失和影响。③ 刘岩、孙长智从社会关系状态的视角定义社会风险，认为社会风险是社会存在对人的生命存在可能造成的损害性关系状态。④ 陈磊认为社会风险是由

① Piet Strydom, *Risk*, *Environment and Society* (Buckingham: Open University Press, 2002), p. 75.

② 杨雪冬等:《风险社会与秩序重建》, 社会科学文献出版社, 2006, 第 16 页。

③ 宋林飞:《中国社会风险预警系统的设计与运行》,《东南大学学报（哲学社会科学版）》1999 年第 1 期, 第 69—76 页。

④ 刘岩、孙长智:《风险概念的历史考察与内涵解析》,《长春理工大学学报（社会科学版）》2007 年第 3 期, 第 28—31 页。

人类实践和社会性因素（社会结构、制度、文化、科技）等引起，对人类社会和人们的社会生活会造成危害的可能性社会事件。[①] 冯必扬从社会损失的视角界定社会风险，认为社会风险是社会损失的不确定性；社会风险是由个人或团体的反叛社会行为所引起的社会失序和社会混乱的可能性。[②]

除此之外，刘岩、冯必扬等人还区分了广义的社会风险和狭义的社会风险。[③] 其中，广义的社会风险是指政治、经济、文化、生态等各个领域中的一切不确定因素对人类社会带来损失的可能性，通常分为自然风险和人为风险；狭义的社会风险则指与政治领域、经济领域、生态领域等相区分的社会领域中的风险，往往表现为社会冲突、社会失序、社会混乱等社会性安全事件。

本书所讨论的社会风险是狭义层面上的社会风险，主要是指由个人和群体的社会行为及某些社会性因素所引起的矛盾纠纷，以及这种矛盾纠纷进一步演化为社会冲突乃至危机事件的可能性，这最终可能会带来一定程度的社会损失甚至导致社会失序。具体而言，这些矛盾纠纷既涉及与日常生活紧密相关的家庭纠纷、邻里纠纷、物业纠纷等，也包括专业性、行业性较强的医疗纠纷、交通纠纷、商业纠纷等。

二、风险治理

风险治理是对风险问题的治理。理解“风险治理”首先应了解“治理”一词。“治理”一词的英文是“governance”，其作为学术概念被广泛关注则始于 1989 年世界银行在关于非洲的报告中提出的“治理危机”(crisis in governance)。关于“治理”概念有多重界定。治理理论的创始人之一詹姆斯·N. 罗西瑙（James N. Rosenau）认为，治理是一种由共

---

① 陈磊：《“风险社会”理论与“和谐社会”建设》，《南京社会科学》2005 年第 2 期，第 43—48 页。

② 冯必扬：《社会风险：视角、内涵与成因》，《天津社会科学》2004 年第 2 期，第 73—77 页。

③ 刘岩：《风险社会理论新探》，中国社会科学出版社，2008。冯必扬：《社会风险：视角、内涵与成因》，《天津社会科学》2004 年第 2 期，第 73—77 页。

同目标所支撑的行为，这个目标未必出自合法的或正式规定的职责，也无须依靠国家强制力量来实现，且治理的活动主体既包括政府机制，也包含非正式、非政府机制。① 全球治理委员会将治理界定为各种公共或私人的机构管理其共同事务的诸多方式的总和。② 我国学者毛寿龙等认为治理是对公共事务的治理。③ 俞可平认为治理是在一个既定的范围内运用权威维持秩序以满足公众的需要。④ 唐文玉把治理界定为一种随着社会的发展和变化不断地进行调整与变革的公共事务管理或公共服务提供机制。⑤

基于对治理概念定义的考察，本书认为，治理是一种公共管理活动和过程，治理包含三个要素：治理主体、治理策略以及治理对象。治理是政府、非政府机构利用各种正式及非正式制度与资源，对公共事务和公共服务进行管理的过程。在此基础上，风险治理是政府、非政府机构对社会领域中可能引起社会冲突、社会混乱乃至造成一定社会损失、社会危机的公共事务和公共服务进行管理的行动与过程。本书所关注的基层矛盾纠纷化解，无疑是一种典型的社会风险治理。

三、人民调解组织

人民调解组织是人民调解类社会组织的简称，要解释这一概念，需要先理解人民调解、社会组织两者的含义。

人民调解是一种非诉讼纠纷解决机制，类似于美国的 ADR（Alternative Dispute Resolution）——替代性纠纷解决机制或诉讼外纠纷解决机制。《中华人民共和国人民调解法》（简称《人民调解法》）规定：人民调解是指人民调解委员会通过说服、疏导等方法，促使当事人在平等协商基础上自

---

① ［美］詹姆斯·N. 罗西瑙：《没有政府的治理》，张胜军、刘小林等译，江西人民出版社，2001，第 5 页。

② The Commission on Global Governance, *Our Global Neighborhood: The Report of the Commission on Global Governance* (Oxford: Oxford University Press, 1995), pp. 2 - 3.

③ 毛寿龙等：《西方政府的治道变革》，中国人民大学出版社，1998，第 7 页。

④ 俞可平：《治理与善治》，社会科学文献出版社，2000，第 5—8 页。

⑤ 唐文玉：《权威型合作与民主型合作——合作治理的政治社会学类型分析》，《广东行政学院学报》2011 年第 5 期，第 43—48 页。

愿达成调解协议，解决民间纠纷的活动。人民调解委员会则是依法设立的调解民间纠纷的群众性组织。一般而言，村民委员会、居民委员会均设有人民调解委员会，企业、事业单位根据需要设立人民调解委员会。县级以上地方人民政府司法行政部门负责指导本行政区域的人民调解工作。从本质上来看，人民调解是基层矛盾纠纷化解的第一道防线，有利于利用基层群众和社会力量，采用说服、教育等方式快速发现和化解各类矛盾。但人民调解的使用也是有限度的，只能适用于发生在公民与公民之间、公民与法人和其他社会组织之间涉及民事权利义务争议的各种纠纷。

社会组织有广义和狭义之分。从广义上来看，社会组织是指人们为了有效地达到特定目标，按照一定的宗旨、制度和规则建立起来的共同活动集体。社会组织有明确的目标、职能、内部分工和关系结构，如政府、企业、学校、商场、社会团体等。从狭义上来看，社会组织等同于"非政府组织""民间组织""公益组织""非营利组织"等，其主体是依照国家法律、行政法规登记成立的社会团体、社会服务机构（民办非企业单位）和基金会三大类非营利性法人。根据国务院颁布的《社会团体等级管理条例》《民办非企业单位登记管理暂行条例》（《社会服务机构登记管理条例》）和《基金会管理条例》的规定，社会组织具有以下特征：第一，不以营利为宗旨和目的；第二，资源提供者向社会组织投入资源不得取得经济回报；第三，社会组织的财产应当按照章程的规定使用，不得在组织成员中进行分配。

人民调解组织是指依法成立的，在司法行政部门指导下，对公民与公民、公民与法人和其他组织之间的民事纠纷，通过疏导、说服、协商、教育等方式，促成当事人之间自愿达成协议，进而化解矛盾纠纷的社会组织。在人民调解实践中，传统的人民调解组织主要包括居村、街镇层面的人民调解委员。近年来，面对基层矛盾纠纷的多样性、复杂性，浦东新区在街镇层面开展民非（民办非企业）调解工作，区层面则成立专业人民调解中心，从性质上来看，它们属于社会服务机构，是从事基层矛盾纠纷的化解工作的专业化组织。

第三节　嵌入性治理的视角与分析框架

一、嵌入性治理的缘起与发展

本书主要从嵌入性治理的角度来分析人民调解组织在矛盾纠纷、社会风险化解中的作用机制。从逻辑上来看，治理理论是嵌入性治理的基础。

治理理论是针对市场失灵和政府失灵发展起来的，20 世纪 90 年代以后被广泛运用于与公共事务相关的管理活动和政治活动中。20 世纪 20 年代，经济危机席卷全球，自由主义经济理论遭到普遍质疑，政府开始改变传统“守夜人”的角色而全面干预经济和社会事务。但是政府大包大揽的做法并没有解决社会问题，反而造成效率低下、服务质量不高、财政危机频发，政府失灵开始显现出来。20 世纪 90 年代开始，得力于世界范围内新公共管理运动的开展，愈来愈多的人开始热衷于用治理机制应对市场和政府协调的失败。①

但是，与社会资源配置中的政府失灵和市场失灵一样，治理也非万能之物，当各治理主体对原定目标是否仍然有效发生争议而未能重新界定目标时，就有可能出现治理失灵，而如何克服治理失灵及实现有效治理便日渐受到关注。善治（good governance）理论就是在此基础上提出来的。俞可平认为，善治是使公共利益最大化的社会管理过程，是政府与公民对公共生活进行合作管理的一种新型治理模式。他综合各种观点提出善治的六个基本要素：合法性，即社会秩序和权威被自觉认可和接受；透明性，即政治信息公开；责任性，即公民对自己的行为负责；法治，即法律是公共政治管理的最高准则；回应，即公共管理人员和机构必须对公民的要求做出及时、负责的回应；有效性，即管理的效率。②

---

① ［英］鲍勃·杰索普：《治理的兴起及其失败的风险：以经济发展为例》，漆燕译，《国际社会科学杂志（中文版）》2019 年第 3 期，第 52—67 页。

② 俞可平：《治理与善治》，社会科学文献出版社，2000，第 8—11 页。

可以说，善治是治理的最终目标和价值追求，是治理所追求的一种理想化状态。

现代治理理论主张多中心治理，强调平等与合作，崇尚责任，强调公共利益，注重公众的需求和公民参与，主张有效率的治理。[①] 治理和善治实质上是国家权力向社会的回归，象征着国家与社会关系的变化。政府由原来作为公共管理的权力中心，逐渐向公共或私人的服务机构转移部分权力，在这一过程中，国家与社会、公共部门与私人部门开始作为合作者共同承担公共管理事务。实现有效的治理，达到善治目标，需要国家与社会、政府与公民之间的良好合作。

“嵌入”理念主要发端于经济史学家卡尔·波兰尼（Karl Polanyi）的理论观点。他在《大转型：我们时代的政治与经济起源》一书中提出“经济不是自足的，它是从属于政治、宗教和社会关系的”[②]，即经济行为总是会嵌入非经济行为中，从宏观来说是市场总是会嵌入社会以及文化之中。至此，“嵌入”概念应用于经济行为的分析，并未引起社会学界的普遍关注。1985 年，斯坦福大学社会学教授马克·格兰诺维特（Mark Granovetter）发表了一篇重要论文《经济行动和社会结构：嵌入性问题》，此文一经发表便引起了社会学界的广泛关注。与卡尔·波兰尼不同，马克·格兰诺维特认为经济行为总是会嵌入社会结构或社会网络之中，他强调的是经济行为与社会体系的多边联系。他将嵌入分为两种：一是关系性嵌入，二是结构性嵌入。[③] 至此，嵌入性的理论研究依旧停留在经济行为与社会关系中。此后，诸位学者关注到嵌入性理论在组织行为与发展中的可应用性。1990 年，祖京（S. Zukin）和迪马吉奥（P. J. DiMaggio）在其合著的著作《经济学中的社会组织》中将嵌入性分为结构嵌入性、认知嵌入性、文化嵌入性和政治嵌入性等四种类型，

---

① 施雪华、张琴：《国外治理理论对中国国家治理体系和治理能力现代化的启示》，《学术研究》2014 年第 6 期，第 31—36 页。

② ［英］卡尔·波兰尼：《大转型：我们时代的政治与经济起源》，冯钢、刘阳译，浙江人民出版社，2007，第 15 页。

③ Mark Granovetter, “Economic Action and Social Structure: the Problem of Embeddedness,” *The American Journal of Sociology*, 1985, 91 (3): 481 – 510.

强调组织经济行为受到政治环境、社会文化环境、群体思维等影响。以上学者从一个宏观的角度看待嵌入性视角下经济行为或者社会组织的发展。也有学者从宏观、中观、微观三个视角将嵌入性分为双边嵌入性、组织间嵌入性和环境嵌入性，强调组织的经济行为受到社会发展环境、环境中的其他组织、所合作组织等三个主体的影响。①

嵌入性理论被引入我国后，丰富了人们的研究视野，尤其在社会工作领域的研究中获得了更多的发展。熊跃根在阐述中国社会工作教育行动者与政府组织的互动关系时提出了“体制嵌入”的概念，他将嵌入性理论视角应用于社会工作的研究中。② 之后，张昱在社会体制改革的背景下分析社会工作实务的产生路径，认为社会工作实务是一种问题导向的“增量嵌入”的生长方式，即社会工作实务不是在其相关性最大的部门中得以产生和发展，而是发生和成长于其他部门。③ 徐永祥根据社会工作参与灾后重建的实践经验指出，社会工作要想进入灾后重建的话语体系中去，必须要嵌入灾后重建的政府体系中。④ 王思斌通过对我国专业社会工作嵌入社会服务领域的类型、过程及特点进行研究，提出我国专业社会工作发展的基本格局是政府主导下的弱自主性嵌入，并有可能转向合作式的深层嵌入。⑤ 而该基本格局在专业社会工作嵌入行政性社会工作的具体路径上则主要表现为制度层面、项目层面和服务层面三方面的嵌入。⑥ 嵌入性理论在社会工作发展中得到了充分发挥，与此同时，在社会组织以及社会治理中也同样得以发展。何雪松等学者运用嵌入性理论对草根非营利组织

---

① 转引自兰建平、苗文斌：《嵌入性理论研究综述》，《技术经济》2009 年第 1 期，第 104—108 页。

② 熊跃根：《论中国社会工作本土化发展过程中的实践逻辑与体制嵌入》，载王思斌主编《社会工作专业化及本土化实践》，社会科学文献出版社，2006，第 195—208 页。

③ 张昱：《中国本土社会工作实务的实践逻辑及其反思》，《社会科学》2008 年第 5 期，第 81—84 页。

④ 徐永祥：《建构式社会工作与灾后社会重建：核心理念与服务模式——基于上海社工服务团赴川援助的实践经验分析》，《华东理工大学学报（社会科学版）》2009 年第 1 期，第 1—3 页。

⑤ 王思斌：《中国社会工作的嵌入性发展》，《社会科学战线》2011 年第 2 期，第 206—222 页。

⑥ 王思斌、阮曾媛琪：《和谐社会建设背景下中国社会工作的发展》，《中国社会科学》2009 年第 5 期，第 128—140 页。

“绿”进行研究，从结构、认知和文化三个层面讨论嵌入的机制。[①] 嵌入性理论在社会工作领域的发展主要体现为对专业社会工作如何嵌入行政性社会工作或本土社会工作的过程的研究，以及对嵌入视角下社会工作如何参与城市社区治理过程的分析。

本书以嵌入性治理理论为研究视角，分析人民调解组织面对解纷需求、整合资源发展的历程，以及其参与矛盾纠纷化解的地方实践，并嵌入整体性的风险治理网络的路径，进而反思调解类社会组织参与矛盾纠纷化解的治理逻辑。

二、分析框架

本书以上海市浦东新区人民调解组织为例，以嵌入性治理为分析视角，基于实证调研和深度访谈资料，对该类社会组织参与矛盾纠纷化解的路径与机制进行系统研究，以剖析基层社会风险治理的运作逻辑。本书在对社会风险及其治理的理论脉络进行了梳理后，首先，分析了转型期我国的社会风险积聚状况和治理转型，明确社会组织参与风险治理的现实需求和比较优势。其次，本书剖析了人民调解制度的渊源和发展，整体上阐述了浦东新区人民调解组织参与矛盾纠纷化解的整体架构及其功能。再次，本书以人民调解工作室、专调中心为例，分别剖析基层人民调解组织、专业化调解组织的运作实践，分析组织合法性取得、组织资源获取、组织服务提供等内容。又次，从纵向网络、横向联结两个层面，分析人民调解组织和国家既有的风险治理体系的互动与合作。其中，纵向网络按“区—街镇—居村”的三级调解网络展开；横向体系主要涉及政府部门与人民调解组织之间的政社协同。最后，本书对人民调解组织在参与基层矛盾纠纷化解过程中的嵌入与反嵌进行剖析，反思由此导致的政社关系的变革与重塑。

本书的分析框架如图 1.1 所示。

---

① 何雪松、董林茂、马西恒：《认知、文化和结构的三重嵌入：草根非营利组织“绿”的个案研究》，《社会工作》2011 年第 2 期，第 11—19 页。

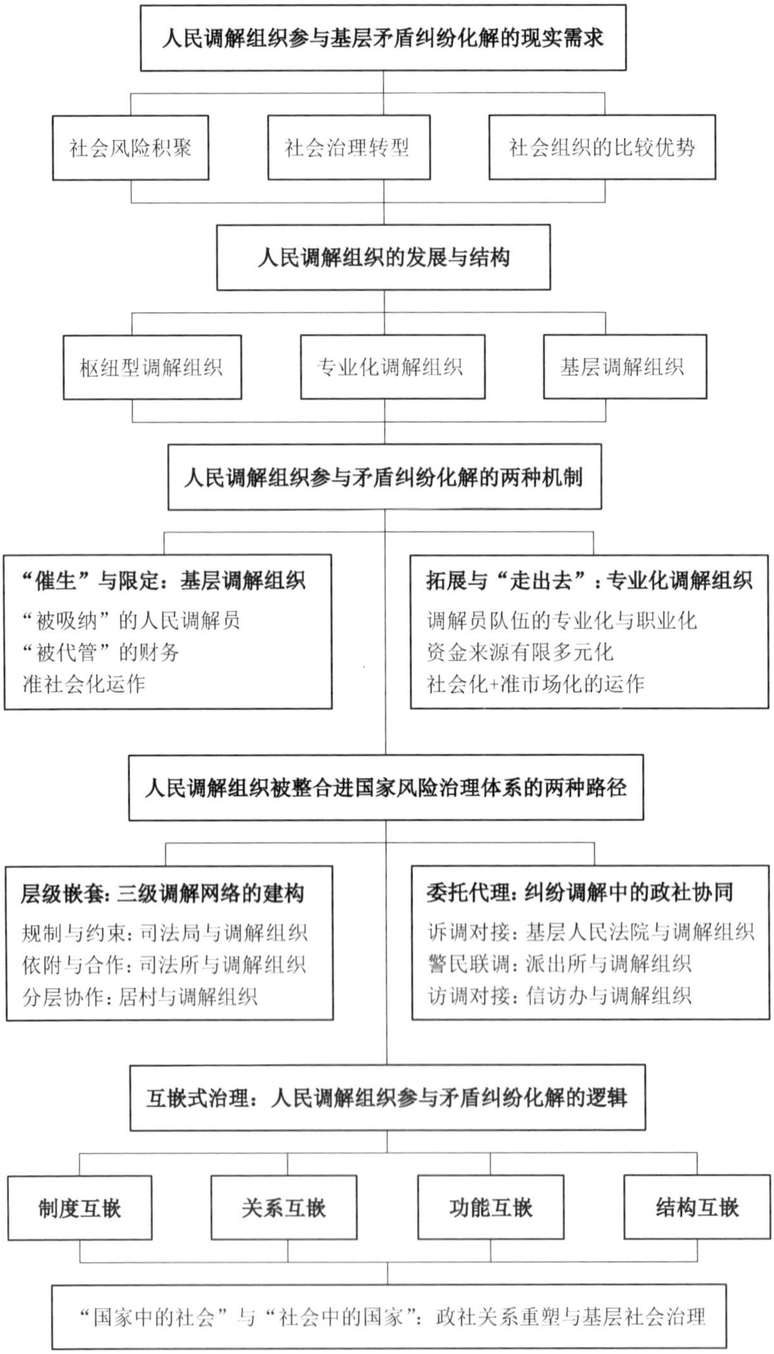
人民调解组织参与基层矛盾纠纷化解的现实需求
社会风险积聚
社会治理转型
社会组织的比较优势
人民调解组织的发展与结构
枢纽型调解组织
专业化调解组织
基层调解组织
人民调解组织参与矛盾纠纷化解的两种机制
“催生”与限定：基层调解组织
“被吸纳”的人民调解员
“被代管”的财务
准社会化运作
拓展与“走出去”：专业化调解组织
调解员队伍的专业化与职业化
资金来源有限多元化
社会化+准市场化的运作
人民调解组织被整合进国家风险治理体系的两种路径
层级嵌套：三级调解网络的建构
规制与约束：司法局与调解组织
依附与合作：司法所与调解组织
分层协作：居村与调解组织
委托代理：纠纷调解中的政社协同
诉调对接：基层人民法院与调解组织
警民联调：派出所与调解组织
访调对接：信访办与调解组织
互嵌式治理：人民调解组织参与矛盾纠纷化解的逻辑
制度互嵌
关系互嵌
功能互嵌
结构互嵌
“国家中的社会”与“社会中的国家”：政社关系重塑与基层社会治理

图 1.1 分析框架

第四节 研 究 方 法

一、方法论

本研究属于实证研究，在研究类型上采用质性研究方法。陈向明认为质性研究是以研究者本人作为研究工具，在自然情境下采用多种资料收集方法对社会现象进行整体性探究，使用归纳法分析资料和形成理论，通过与研究对象互动，对其行为和意义进行建构来获得解释性理解的研究活动。[①] 本书即通过深入实地收集资料，对上海市浦东新区人民调解组织参与基层矛盾纠纷化解、社会风险治理这一社会现实进行整体性探究，通过归纳法、案例分析法对获得的资料进行描述与分析，从中得出参与主体对自己行为和意义的“解释性理解”，进而形成对人民调解组织参与基层矛盾纠纷化解、社会风险治理的路径与机制的阐释。

二、资料收集与分析方法

量化研究注重样本的代表性，需要足够的样本以使研究能够推论到总体。质性研究抽取的样本，则必须是能够提供“深度”和“多元社会实况的广度”的资料，注重信息的丰富性。[②] 本书的研究对象是上海市浦东新区的人民调解组织，到 2018 年年底，该区正式注册的人民调解组织已达 30 多家。由于样本总量较少，我们采用目的性抽样方法，即按照研究目的抽取能够为研究问题提供最大量信息的研究对象，选择信息丰富的案例进行深度研究，这是质性研究中使用最多的非概率性抽样方法。在样本选取上，为了保证资料的丰富性、完整性，充分考虑到不同样本的差异性，我们参考了人民调解组织所在街镇辖区的地理位置、经济发展状况、人口数量等因素，同时兼顾这些组织的成立时间、规模、调解员数量、调解的优势领域等方面的信息，力求从整体上把握人民调解组织的基本

① 陈向明：《质的研究方法与社会科学研究》，教育科学出版社，2000，第 12 页。
② 李晓凤、佘双好：《质性研究方法》，武汉大学出版社，2006，第 120 页。

情况。

之所以选择上海市浦东新区作为调查点，是因为此地有前期相关研究基础，我们对其实践情况比较熟悉，便于调研“入场”和资料获得。而且，浦东新区的人民调解工作走在上海乃至全国的前列，该区不仅建立了涵盖“区—街镇—居村”的三级调解网络，而且在街镇层面已经全部成立了具有独立法人资格的人民调解工作室，区层面成立的“东方调解中心”是国内最早成立的专业化人民调解枢纽平台。浦东新区的“探索人民调解专业化”建设更是获评2017全国“创新社会治理典型案例”中的优秀案例。因此，以上海市浦东新区为切入点探索城市基层矛盾纠纷化解的社会机制，具有一定的典型性。

本研究采用深度访谈法进行资料收集，基于半结构式访谈提纲与研究对象进行深入交谈。访谈法是一种研究性交谈，是研究者通过口头谈话的方式从被研究者那里收集（或“建构”）第一手资料的一种研究方法。[①] 本研究的访谈对象主要包括人民调解组织的负责人、一般调解员、街镇司法所的工作人员等。访谈提纲是围绕这些人民调解组织的成立背景、组织性质、职能定位、运作方法、与其他部门的合作情况、调解典型案例、困难与挑战、发展建议等方面展开的，力求收集到最丰富的一手资料。在访谈过程中，访谈者会根据访谈提纲控制访谈内容和访谈进度，同时会根据受访者的表述和逻辑进行灵活调整，允许受访者积极表达自己的看法。

在资料分析方面，本书主要采用类属分析法对获得的资料进行归纳与分析。类属分析指的是在资料中寻找反复出现的现象以及可以解读这些现象的概念的一个过程。在这个过程中，具有相同属性的资料被归入同一类别，并且以一定的概念命名。[②] 本研究采用的收集资料的方法主要是深度访谈，并按照一定的主题与受访者展开交谈。因此本书采用类属分析把访谈资料中反复出现的、具有相同属性的资料纳入同一类别，并以一定的概念进行总结和归纳。例如，本书将梳理后的两类人民调解组织的成立背

① 陈向明：《质的研究方法与社会科学研究》，教育科学出版社，2000，第171页。
② 陈向明：《质的研究方法与社会科学研究》，教育科学出版社，2000，第290页。

景、工作人员构成、运作资金情况、服务内容及工作网络等方面进行整理后，分析他们在参与矛盾纠纷化解过程中的制度嵌入、结构嵌入与功能嵌入，及其反嵌能力的差异，从而更深入地理解人民调解组织参与矛盾纠纷化解的深层逻辑。

第二章　社会风险及其治理的理论脉络

西方社会关于风险的争论是从20世纪50年代开始的，最早源于对环境问题引发的风险事件的讨论。风险问题一开始主要是专家们争论的话题。随着后工业社会的发展，人们在各个领域都能感受到人为灾难的不断发生——核泄漏、疯牛病、禽流感、战争和恐怖主义等，风险及其治理逐渐进入公众视野，成为社会广泛关注的议题。

第一节　国外风险理论及其治理研究

早期，风险研究主要侧重于对可观察的、可预测的具体社会风险进行研究，研究主体主要是社会专家系统和管理系统。研究者认为风险是客观存在的实体，是可以预测的，因此可以通过风险分析、技术评估等方法进行风险管理，涉及的学科有经济学（风险—收益比较）、保险精算学（统计预测）、毒物学及流行病学（生态毒物学）、安全工程学（风险估计）等领域。[①] 这一时期的风险研究实际上采纳了一种现实主义或理性主义的原则，其推论建立在专家的科学测量以及“计算是最精确的”这一基本预设之上，研究内容集中在风险识别、风险偶然因素的汇集、建立风险关系、对各种类型风险反应的预防性模型，以及限制风险影响的计划方案等。[②]

---

① Sheldon Krimsky and Dominic Golding (eds.), *Social Theories of Risk* (New York: Praeger Publishers, 1992), p. 58.

② 刘婧：《现代社会风险解析》，《浙江社会科学》2005年第1期，第101—105页。

相应地，这一视角下的风险治理是以“专家—技术”为核心的治理模式，往往具有较强的可操作性。在风险发生前，利用科学计算和技术手段，根据当前社会运行环境预测风险发生的可能性，采取措施规避，消除或降低风险；风险发生后，通过对风险的性质、类型、特点、发展过程以及发展趋势进行分析和评估，进而提出一套系统的抵抗风险、降低损失的风险管理措施。雷蒙德·鲍尔（Raymond Bauer）于1966年发表的《社会指标》一书是现实主义风险研究中的典型。这本书通过建立数量指标反映宏观的社会现象，对社会运行尤其是政策执行状况进行监测，引发了运用数量指标进行社会风险预警的热潮。我国学者朱庆芳、宋林飞等人也根据我国国情建立了社会风险预警的指标体系。

20世纪80年代晚期，西方学者对风险问题的研究经历了一个社会转向。詹姆斯·肖特（James Short）曾呼吁，社会学要将注意力转移到“风险分析的社会转型”上来，注重风险分析的社会视角和宏观视角。发生这一转向的根本原因在于现代意义上的风险的结构和特征发生了根本变化，人类成为风险的主要生产者，“风险社会”的雏形愈发凸显。伴随着风险形态的变化，社会学家开始规范风险理论研究以及对风险的解释，改变了风险分析的方向。西方学者普遍认为，风险理论的社会转向是沿着制度主义和文化主义这两条思路展开的，在如何防范与治理社会风险的问题上，不同的研究思路主张不同的治理路径。制度主义的研究路径以乌尔里希·贝克（Ulrich Beck）、安东尼·吉登斯（Anthong Giddens）的风险社会理论为代表，文化主义则以玛丽·道格拉斯（Mary Douglas）、斯科特·拉什（Scott Lash）等人的风险文化理论为代表。

一、制度主义的风险观及风险治理

制度主义从宏观的社会结构视角探讨资本主义社会面临的风险问题，把风险、风险社会与现代制度联系起来，认为风险是现代性制度成熟的副产品和意外后果，而现代性制度成熟的标志是非人格化的制度和专家系统的建立。

贝克是“风险社会”的首倡者，他认为自己既不是现实主义者，也不是建构主义者，而是制度主义者。贝克的《风险社会》《世界风险社会》等著作集中体现了他的风险社会理论成果，同时也体现了他应对风险社会的制度主义倾向。贝克认为，生活在“有组织的不负责任”的社会背景下，西方社会中占主导地位的政治、经济、法律等制度和规范体系成为现代风险的主要来源。然而，现代社会机构一方面肯定风险的真实存在，意识到必须加强制度建设和管理，另一方面却否认其发生、隐藏其根源、阻止赔偿或管理，造成这一现象的原因在于没有人或组织对这些事承担特定的责任。① 因此，工业社会其本身的原则和制度只能得到部分实现，由此产生的后果就是工业社会通过其体制而使自身变得不稳定。按照贝克的观点，西方社会正处于由古典的现代化（第一现代性）向反思性现代化（第二现代性）转型的过程中，一种新的形式的“风险社会”正在形成。与此同时，传统工业社会的逻辑基础已经发生改变：“从短缺社会的财富分配逻辑向晚期现代性的风险分配逻辑的转变。”②

因此，风险是和责任有内在关联的，谁应当承担这种责任（及因此而产生的代价）呢？在世界风险社会中，非西方社会与西方社会不仅共享相同的时间和空间，同时共享第二现代性的基本挑战即全球风险社会。风险的全球性并不意味着风险在全球是平均分布的，而是恰恰相反。③ 因此，全球风险社会存在一个风险的责任分配问题。为了应对风险，贝克倡导反思性现代化，从整个宏观社会结构和制度建构上探讨规避社会风险的策略，提出通过“再造政治”建构应对风险的新机制，建立以破除知识垄断、开放管辖权与决策结构、公开对话、自我约束、明确责任为内容的协商式民主开放政治，推动制度变革。④

吉登斯更加强调了制度性的风险，他的风险社会理论并不是一个独立

---

① ［德］乌尔里希·贝克、郗卫东：《风险社会再思考》，《马克思主义与现实》2002年第4期，第46—51页。

② ［德］乌尔里希·贝克：《风险社会》，何博闻译，译林出版社，2004，第15页。

③ ［德］乌尔里希·贝克：《世界风险社会》，吴英姿、孙淑敏译，南京大学出版社，2004，第4—7页。

④ ［德］乌尔里希·贝克：《风险社会》，何博闻译，译林出版社，2004，第5—9页。

的理论体系，而是交叉体现在其《现代性的后果》《失控的世界》《现代性与自我认同》等著作中。吉登斯将风险分为“外部风险”（external risks）和“被制造的风险”（manufactured risks），前者是指外部自然界的风险，是一种局部的、个体的、自然性的传统风险，后者是指人为制造的特别是科学技术的发展带来的风险，是一种全球的、社会的、人为性的结构风险。吉登斯认为现代性具有双重特性，一方面降低了某些领域的风险，另一方面又导入了大量的新的风险参量。例如，现代性的四个制度支柱都有可能带来严重的风险：世界民族国家体系导致的极权主义，世界资本主义经济体系可能导致的经济崩溃，国际劳动分工体系带来的生态恶化，世界军事秩序所诱发的核战争危机。[①] 并且，由于现代制度的脱域机制的不良运作，这些风险变得愈发不可控制，现代风险社会是一个“失控的世界”（runaway world）。在风险治理的问题上，吉登斯倡导一种激进的卷入模式，强调摈弃现有的政治体系、组织模式和专家系统的联盟与垄断，通过各种社会运动实现从“解放政治”向“生活政治”、从“地方的政治”向“全球的政治”的转化，通过建立超越匮乏型体系、多层次的民主参与、技术的人道化和非军事化，实现对资本主义的超越。[②]

总体来看，在制度主义视角下，现代社会结构和制度是风险社会形成的根源，风险治理路径是一种以“政治—制度”为核心的治理模式，强调从组织和制度层面的改革上应对风险社会，通过制度分析、制度改革和制度重建，形成一套规范、有序的制度体系来规避风险。

二、文化主义的风险观及风险治理

玛丽·道格拉斯和斯科特·拉什深入挖掘了社会风险产生的文化根源，风险文化理论认为现代社会的风险并非在客观上增加了，而是由于风险认知途径的扩大和风险意识的强化，人们能够感受到的风险增加了。风

① ［英］安东尼·吉登斯：《现代性的后果》，田禾译，译林出版社，2011，第49—56、61—68、150页。

② ［英］安东尼·吉登斯：《现代性的后果》，田禾译，译林出版社，2011，第138—143页。

险在当代社会的凸显是一种认知和文化现象，而不是制度主义宣称的社会秩序现象。

玛丽·道格拉斯和阿伦·威尔达夫斯基（Aaron Wildavsky）的《风险与文化》一书从文化理论的视角解释了社会风险增加现象，认为风险与人类认知有关，风险是一个群体对危险的认知，同时也是一种对未来的共识。[①] 风险在本质上具有客观依据，但是在根本上是“社会的产物”，是通过社会过程而形成的。[②] 他们将风险划分为社会政治风险、经济风险和自然风险，并认为社会结构的变革是以下三种不同的风险文化相互作用的结果：倾向于把社会政治风险视为最大风险的等级制度主义文化，倾向于把经济风险视为最大风险的市场个人主义文化，以及倾向于把自然风险视为最大风险的社团群落之边缘文化。而社会之所以走向无序状态，主要是因为第三类边缘文化中的社团群落和社会边缘群体，对由制度主义者与市场个人主义者构成的社会主流和中心造成了一定的威胁。

拉什则重点关注文化背景对风险认知的影响。他认为不同文化背景的社会群体对风险的认知不同。例如，针对“谁应该为风险负责”即“谴责谁”这一关键性问题，市场个人主义者的解读和诠释与等级制度主义者完全不同。在风险文化中，每一个组织集团都在谴责他们不信任的其他集团。可见，风险文化是以信仰和价值为中介而发挥作用的，而不是制度和规范。因此，不能仅仅依靠等级制度来控制风险，而是要通过具有象征意义的理念和信念来治理社会风险。拉什认为，那些由不关心自身利益和群体内部利益的无政府主义者组成的社团群落，通过他们的非制度和反规范的，诸如环境保护类的绿色运动、和平运动等亚政治运动，可以有效应对风险。他还预言，风险社会的时代终将成为过去，我们将要迎来的是风险文化的时代。[③]

---

① Mary Douglas and Aaron Wildavsky, *Risk and Culture* (Berkeley: University of California Press, 1982), p. 120.

② Michael Thompson and Aaron Wildavsky, “A Proposal to Create a Culture Theory of Risk,” in *The Risk Analysis Controversy: An Institutional Perspective*, eds. Howard C. Kunreuther and Eryl V. Ley (New York: Spring-Verlag, 1982), pp. 148 - 160.

③ ［英］斯科特·拉什、王武龙：《风险社会与风险文化》，《马克思主义与现实》2002 年第 4 期，第 52—63 页。

概括来讲，文化主义的风险观把风险当作人们心理认知的结果，探究社会主体的行为文化、心理因素对风险的意义。在这种理论视角下，风险文化的传播不是依靠程序性的规则和规范，而是依靠实质意义上的社会价值和共享价值。因而，对社会风险的治理也不是依靠法律和制度，而是依靠带有象征意义的理念和信仰，不同的文化运动形式可以被用来治理风险，以提高人们的风险意识和对现代性的反思性批判，这是一种以“社团运动”为中心的治理模式。

三、其他风险理论与风险观

从以上两种风险研究视角可以看出，在风险治理的问题上，两种研究视角主张不同的风险治理路径，而每种视角主张的风险治理方法都有其独到之处。在制度主义视角下，现代社会风险是不完善的社会结构和社会制度导致的，因此，要通过制度改革进行风险规避和风险治理，这是一种以“政治—制度”为核心的治理模式。在文化主义视角下，风险社会是一种文化现象，随着风险认知途径的扩大和风险意识的强化，不仅人们能够感受到的风险增加了，社会主体的行为文化、心理因素也强化了社会风险。在风险治理的问题上，文化主义的风险治理观则是一种以“社团运动”为中心的治理模式，倡导通过社团群落的绿色运动、和平运动等亚政治运动来应对风险。

除此之外，德国社会学家尼古拉斯·卢曼（Niklas Luhmann）采用社会系统理论的方法对风险进行了研究。卢曼认为我们生活在一个没有选择的社会，不得不面对风险。他把越来越突出的科技风险看作现代社会发生重大变革的标志，认为当代社会是一个偶然性的、假设的甚至自相矛盾的社会。同时，国家、法律、经济等社会系统的结构形式也在发生变革，与这种变革相伴的是各种行为的可能性、偶然性以及决策导致的压力都在上升，而太多的不确定性和决策意识也在影响着未来。因此，风险不只是某种客体和事实，而是结合时间的一种感觉和理解形式。卢曼的研究当然也在一定程度上加深了对风险的理解和把握，但在社会风险治理的现实层面作用较微，因此本书不详细展开。

除了以上几位代表人物外，其他学者也对风险治理问题进行了研究。

克里斯托弗·胡德（Christopher Hood）、亨利·罗斯坦（Henry Rothstein）以及罗伯特·鲍德温（Robert Baldwin）站在制度主义的视角对风险规制体制（risk regulations regimes）进行了研究，从制度、运作以及价值目标三个层面分析了风险规制体制的动态演化特征。[①] 风险规制体制强调组织间的动态互动，展现了风险情境和风险社会中组织的行动逻辑及其政策含义，认为在风险成为规制中心的背景下，规制的成败取决于复杂规制体制运作的协同性与有效性，规制国家可能放大旧风险、定义新风险、归类新风险，引致了规制体制内部风险控制文化的兴起。[②] 托马、亚历克萨和沙尔佩认为虽然风险在全球范围内的相互关联程度日益加深，但是全球风险治理能力却高度分散；他们指出了政府对某些风险的作用和责任及应该采取的优先事项与应对策略，并在此基础上提供了一个分析框架：政府阻止风险后果恶化的重要方向是环境风险治理、地缘政治风险治理和金融市场风险治理。[③] 关于风险治理，还有一些学者关注到政府以外的社会力量，认为风险治理已经成为影响全体人类福祉的私营部门和公共部门的共同活动，因此必须确保所有相关的知识库、公共价值观和社会利益都纳入风险治理过程中。[④] 奥特温·伦内（Ortwin Renn）提出利益相关者的参与是有效、高效、公平的风险治理的重要要求，因此应将利益相关者的知识、价值和利益整合到风险决策过程中。[⑤] 李·克拉克（Lee Clarke）等学者认为必须依靠组织，尤其是高可靠性组织（high reliability organizations）来应对风险，强调整个过程中的组织力量和制度环境在创建、评估与应对风

---

① Christopher Hooy, Henry Rothstein, and Robert Baldwin, *The Government of Risk: Understanding Risk Regulations Regimes* (Oxford: Oxford University Press, 2001), p. 9.

② Christopher Hood, Oliver James, and Colin Scott, et al, *Regulation Inside Government: Waste-watcher, Quality Police and Sleaze-busters* (Oxford: Oxford University Press, 1999), p. 207.

③ Simona-Valeria Toma, Ioana-Veroma Alexa, and Daniela Şarpe, "The Risks and the Governments," *Procedia-Social and Behavioral Sciences*, 2012, 62 (1), pp. 275 – 279.

④ Andreas Klinke and Ortuin Renn, "Expertise and experience: A deliberative system of a functional division of labor for post-normal risk governance," *Innovation: The European Journal of Social Science Research*, 2014, 27 (4), pp. 442 – 465.

⑤ Ortwin Renn, "Stakeholder and Public Involvement in Risk Governance," *International Journal of Disaster Risk Science*, 2015, 6 (1), pp. 8 – 20.

险方面的作用。①

第二节　国内社会风险治理研究

国内学者对社会风险的研究始于20世纪90年代。宋林飞较早探讨了社会风险指标体系，并建立了包括警源指标、警兆指标、警情指标的社会风险预警系统，同时根据警级的不同提出了注意、治理、应急三种社会风险预警对策。② 邓伟志认为风险预警指标除了社会发展的客观指标之外，也应将民心、民意等价值观念反映其中。他设计了经济、社会、政治和价值观念四大类指标体系，划分出无警、轻警、中警和重警四种社会风险警级状态作为评估风险的危险度。③ 吴忠民认为处于社会转型期的中国存在一种“风险并发症”和“高风险期”，需要加强风险治理的研究。④ 总体而言，风险治理可以从国家、市场、社会、合作主义等不同视角进行研究。

一、国家视角下的风险治理研究

国家视角下的风险治理研究强调国家制度的建立与完善，尤其是针对我国转型期的社会不稳定因素和社会风险，强调要完善风险管理体系，加强风险应对能力，实施多元化的风险管理策略。⑤ 有学者从全球风险治理的角度提出我国应建立以政府为核心的风险治理和全球协商体系⑥，这就

---

① Lee Clarke, James F. Short, Jr, “Social Organization and Risk: Some Current Controversies,” *Annual Review of Sociology*, 1993, 19 (19), pp. 375 - 399.

② 宋林飞：《社会风险指标体系与社会波动机制》，《社会学研究》1995年第6期，第90—95页。宋林飞：《中国社会风险预警系统的设计与运行》，《东南大学学报（哲学社会科学版）》1999年第1期，第69—76页。

③ 邓伟志：《关于社会风险预警机制问题的思考》，《社会科学》2003年第7期，第65—71页。

④ 吴忠民：《现阶段中国的社会风险与社会安全运行——当前中国重大问题研究报告之一》，《科学社会主义》2004年第5期，第16—20页。吴忠民：《中国现阶段社会风险增多的原因分析》，《中共中央党校学报》，2006年第6期，第16—17页。

⑤ 郑杭生、洪大用：《中国转型期的社会安全隐患与对策》，《理论参考》2004年第11期，第14—16页。

⑥ 张劲松：《论我国政府应对风险社会的全球治理策略》，《社会科学战线》2007年第1期，第207—212页。

要求充分发挥风险治理在完善与提升国家公共安全管理中的重要作用：将风险治理纳入国家安全管理的总体战略框架，做到风险、应急与危机管理并重，鼓励建立主动承担风险的文化机制，建立多元主体共同参与的风险管理工作格局。[①] 中国的社会转型使得风险的构成及其运行更加趋于复合化和不确定，须尽快建立并完善社会风险预警及干预机制。[②] 有学者把科学技术与社会风险联系起来，认为风险是科学技术的内在属性，主张将科技风险及其治理纳入社会体制建设中。[③]

同时，随着人们风险意识的提升和新时代下信息传播的独特方式易将社会危机放大的趋势，建立有效的信息平台和突发危机反应机制等是重要举措。[④] 这表明新媒体技术、新媒体文化与风险扩散之间具有高度的技术耦合及放大机制[⑤]，因而我们要加强对网络社会的社会风险规律及治理策略的研究。[⑥] 在风险社会下政策环境已经发生了重大转变，在制定政策时应注意谨防风险的应对制度（如信访制度等）带来新的制度化风险。[⑦] 我国中央政府在部分公共产品如食品的供给中通过分权为地方政府分散和转移社会风险，但却造成了“过度分权”与治理困境。[⑧] 我国社会风险治理存在一些不足，比如治理主体尤其是社会组织缺乏党建引领，地方政府对风险治理的关注程度与感知能力不足，风险治理工作法制化建设不足等，

① 薛澜、周玲、朱琴：《风险治理：完善与提升国家公共安全管理的基石》，《江苏社会科学》2008 年第 6 期，第 7—11 页。

② 夏玉珍、吴娅丹：《中国正进入风险社会时代》，《甘肃社会科学》2007 年第 1 期，第 20—24 页。

③ 赵万里：《科学技术与社会风险》，《科学技术哲学研究》1998 年第 3 期，第 50—55 页。

④ 郭星华、隋嘉滨：《城市化进程中的社会风险控制》，《上海城市管理职业技术学院学报》2010 年第 1 期，第 16—18 页。

⑤ 蒋晓丽、邹霞：《新媒体：社会风险放大的新型场域——基于技术与文化的视角》，《上海行政学院学报》2015 年第 3 期，第 88—95 页。

⑥ 谢俊贵：《网络社会风险规律及其因应策略》，《社会科学研究》2016 年第 6 期，第 102—110 页。

⑦ 司马媛、童星：《对风险社会理论的再思考及政策适应》，《学习与实践》2011 年第 12 期，第 93—98 页。

⑧ 曹正汉、周杰：《社会风险与地方分权——中国食品安全监管实行地方分级管理的原因》，《社会学研究》2013 年第 1 期，第 182—205 页。

这要求政府在其中发挥更大作用。[①] 对“中国式高风险社会”的治理，在根本上要改变当前的风险分配体系，改革当前的政策决策过程、均等化公务员和社会一般成员的基本福利、提高社会保障力度、改革国有经济体系和财政体系等，才能“改变风险无限转移的趋势”[②]。

二、社会视角下的风险治理研究

社会视角强调政府、市场之外的社会力量在风险治理中的角色和作用。转型期社会矛盾的凸显与政府调处矛盾低效之间的张力，使得人民调解这种源自中国古代民间的矛盾纠纷化解传统重新受到重视，并走上了“专业化”和“社会化”的道路。[③] 人民调解的核心要素与中国共产党的群众路线有着内在关联，近些年的复兴是国家治理语境下政治重构的表现。[④] 我国现阶段社会矛盾纠纷多表现为“民生”方面的利益诉求，而不是“民主化”方面的诉求，这完全可以以妥协方式得以解决，其典型代表力量就是社会组织。[⑤] 因此，须加强社会组织建设，提升社会组织应对社会风险的能力，以实现社会风险的多元治理。[⑥] 易承志以实际案例分析了社会组织在大都市突发事件演变的前期、中期和后期的作用，提出了扩充社会组织参与空间、完善社会组织参与规范和提升社会组织参与能力等措施推动社会组织参与风险治理的观点。田毅鹏、张帆关注一些地方如何利用专业社会组织——如信访法律事务服务中心——介入社会矛盾化解，建立起一种国家与社会之间灵活的“互嵌关系”和矛盾“调解机制”。[⑦] 类似

---

① 苏博文、李桂平：《全面建成小康社会背景下的社会风险治理创新》，《重庆社会科学》2018 年第 5 期，第 68—74 页。

② 郑永年、黄彦杰：《风险时代的中国社会》，《文化纵横》2012 年第 5 期，第 50—56 页。

③ 熊易寒：《人民调解的社会化与再组织——对上海市杨伯寿工作室的个案分析》，《社会》2006 年第 6 期，第 95—116 页。

④ 刘正强：《人民调解：国家治理语境下的政治重构》，《学术月刊》，2014 年第 10 期，第 25—32 页。

⑤ 吴忠民：《以妥协方式有效化解社会矛盾》，《中国人民大学学报》2018 年第 1 期，第 59—70 页。

⑥ 张勤、华炜：《社会组织治理社会风险的能力研究——基于江苏社会风险的视角》，《行政论坛》2015 年第 2 期，第 83—87 页。

⑦ 田毅鹏、张帆：《社会矛盾调处中政府与社会组织的“互嵌性”运作——以 J 市信访法律事务服务中心为例》，《社会科学》2018 年第 5 期，第 63—75 页。

的研究也认为地方引入社会组织参与信访工作，能够破除政府与民众之间的“二元对立”思维，缓和信访机构与访民之间的紧张关系。[①] 董幼鸿以上海联合减灾与应急管理促进中心为例，分析社会组织参与公共安全风险治理的重要优势及其面临的内部建设和外部环境的双重困境，提出政府应坚持协同治理、社会组织应提升服务能力的完善策略。[②] 部分学者则强调社会力量的基本单元——社区在风险治理、公共安全中的角色整合能力建设也需要加强。[③] 有的学者强调社会资本（人们之间社会联系以及由此形成的社会网络结构、社会规范和社会信任）在灾后恢复、特大城市风险应对中的重要作用[④]，有的则关注社会信任在风险治理中的显著作用[⑤]。

但社会组织参与矛盾纠纷化解的作用受到限制：专业人才较少影响化解成效，社会组织活动经费不足影响化解功能实现，体制机制阻碍四类社会组织参与矛盾纠纷化解。[⑥] 政府处于主导地位而享有较大的自主选择权，社区组织由于自身合法性或独立性缺失以及专业能力和知识不足而常处于从属地位，不利于其功能发挥。[⑦] 对上海市浦东新区人民调解的社会化实践研究也表明，参与矛盾纠纷化解工作的社会力量带有浓厚的行政色彩。[⑧] 公众对社会组织的认可程度低等现状也制约了社会组织在化解社会

---

① 孔祥利：《社会组织参与信访矛盾化解：实践探索与作用分析》，《中国行政管理》2014 年第 10 期，第 56—59 页。

② 董幼鸿：《社会组织参与城市公共安全风险治理的困境与优化路径——以上海联合减灾与应急管理促进中心为例》，《上海师范大学学报（哲学社会科学版）》2018 年第 4 期，第 50—57 页。

③ 张海波：《社区在公共安全管理中的角色整合与能力建设》，《江苏社会科学》2011 年第 6 期，第 66—71 页。

④ 赵延东：《社会资本与灾后恢复——一项自然灾害的社会学研究》，《社会学研究》2007 年第 5 期，第 164—187 页。赵延东：《培育应对特大型城市风险挑战的社会资本》，《探索与争鸣》2015 年第 3 期，第 27—29 页。

⑤ 赵延东：《风险社会与风险治理》，《中国科技论坛》2004 年第 4 期，第 121—125 页。赵延东、马缨：《从食品安全看公众信任与风险治理》，《太原科技》2009 年第 2 期，第 6—8 页。

⑥ 潘修华：《社会组织参与社会矛盾化解探析》，《理论探讨》2016 年第 2 期，第 158—162 页。

⑦ 李艳：《政府和社区 NGO 合作化解社区矛盾》，《党政论坛》2016 年第 3 期，第 51—53 页。

⑧ 聂影、辛忠波：《社会力量参与矛盾纠纷化解工作的路径选择与发展思考——以上海市浦东新区人民调解工作社会化实践为视点》，《人民调解》2018 年第 8 期，第 32—36 页。

矛盾纠纷中作用的发挥。[1] 对此，有学者提出“弱国家、强社会”或“强国家、强社会”才是风险治理效果最佳的关系类型，社会风险控制的实质是还原和提升社会的自我管理或实现社会治理而不是压制或取代社会。[2] 王名、王春婷提倡“推位让治”，即政府将社会组织推至多元共治的位置使其成为社会治理的主体，建构有着强烈主体意识、责任意识和创新意识的“有形社会”。[3] 与之类似的是，葛天任、薛澜建议引入社会治理理念，通过改善基层行政效率，加强基层社区的再分配、组织化和社区整合，实现基层社区风险的有效治理。[4]

具体而言，要完善社会力量参与化解社会矛盾的治理模式，应在去官僚化、专业化、职业化、规范化和吸纳多元社会力量与资源等方面加强调解类社会组织的可持续发展。[5] 民间调解组织的发展方向应是组织化但不失草根性、专业化但不失亲和力、法律化但不失情理性。[6] 政府应通过各种形式的专业培训和业务指导，促进社会组织参与矛盾化解。[7] 逐步减少对社区调解机构的控制，推进自治型非营利性社区调解组织的发展。[8] 倡导化解社区冲突的参与式治理，积极发挥冲突各方、社区居民和社会组织三大主体的参与治理效能。[9] 有学者认为，相较于社会化与国家化，合作化更适合作为当前创新发展人民调解的道路方向，以政府购买公共服务的

---

① 王焕培：《充分发挥社会组织在化解社会矛盾和维护社会稳定方面的积极作用》，《湖南省社会主义学院学报》2015 年第 2 期，第 58—61 页。

② 李萍：《从国家—社会关系看社会风险控制》，《理论探讨》2014 年第 6 期，第 53—57 页。

③ 王名、王春婷：《推位让治：社会组织参与社会治理路径》，《开放导报》2014 年第 5 期，第 7—11 页。

④ 葛天任、薛澜：《社会风险与基层社区治理：问题、理念与对策》，《社会治理》2015 年第 4 期，第 37—43 页。

⑤ 赵伯艳：《推进社会调解组织参与社会矛盾化解——基于几个案例的分析》，《社团管理研究》2011 年第 11 期，第 25—28 页。

⑥ 高聪、陈建：《我国民间调解组织发展之初探——基于杭州社区“和事佬”协会实践与发展的思考》，《云南社会主义学院学报》2014 年第 1 期，第 186—187 页。

⑦ 李晓燕、岳经纶：《社会矛盾化解机制研究——基于多中心治理视角》，《社会工作》2014 年第 2 期，第 47—52 页。

⑧ 吴晓燕、赵民兴：《美国社区调解制度的特点及启示》，《人民论坛》2012 年第 14 期，第 180—181 页。

⑨ 赵伯艳：《城市社区冲突的参与式治理途径探析》，《云南行政学院学报》2015 年第 6 期，第 127—130 页。

方式实现政府与社会力量的合作。[1]

三、合作治理视角下的风险治理研究

除国家、社会之外，市场也是参与风险治理的重要主体之一，人们越来越关注市场在风险治理中的重要角色和地位。合作治理视角强调通过社会分工体系，以专业化、市场化、组织化力量促进风险的社会分担。现代保险业可以被看作“在认知和确定风险、推算风险概率、实行保险赔偿、防范和规避风险等方面形成一系列具有很强的政策性和可操作性”的风险治理机制。市场中最活跃的组织形式股份公司以组织化的形式提高了投资者抗御风险、获得更大利润的能力。[2] 中国语境下的现代保险服务业兼具“商业性”和“社会性”，成为我国现代服务经济中的重要产业、社会风险管理的基本手段、社会治理能力的重要标志。[3] 在对社会风险源进行定性、定量分析的基础上，通过商业保险的手段进行分别处理，最终能达到社会风险被分解、转化和预防的目的。[4] 律师行业的快速发展无疑也是市场机制参与现代社会矛盾纠纷化解的重要体现，而这一服务市场的社会结构则是“高度割据”的。[5]

更多的情况下，人们从国家、市场、社会合作治理的角度来剖析矛盾纠纷化解。任何公共事务工作若要实现公共利益的最大化，就需要从多元主体的角度出发，从最大程度上兼顾公平与效率。[6] 任何单个治理机制都无法应对全球化时代的风险，因而需要建立“复合治理”机制，使得国家、市场和社会之间合作互补，以有效应对全球性风险和制度转轨风险。[7] 有的学

---

① 孙萍、何阳：《创新发展人民调解的合作化之道》，《理论学刊》2016 年第 5 期，第 121—125 页。

② 杨雪冬：《全球化、风险社会与复合治理》，《马克思主义与现实》2004 年第 4 期，第 61—77 页。

③ 卓志、孙正成：《现代保险服务业：地位、功能与定位》，《保险研究》2014 年第 11 期，第 21—32 页。

④ 翁小丹、曹越：《创新运用保险技术分解社会风险探究》，《保险研究》2012 年第 3 期，第 104—109 页。

⑤ 刘思达：《割据的逻辑：中国法律服务市场的生态分析》，上海三联书店，2011。

⑥ 薛澜、周玲、朱琴：《风险治理：完善与提升国家公共安全管理的基石》，《江苏社会科学》2008 年第 6 期，第 7—11 页。

⑦ 杨雪冬：《全球化、风险社会与复合治理》，《马克思主义与现实》2004 年第 4 期，第 61—77 页。

者提出合作治理的模式是应对“风险社会”的理性路径，包括党群合作、政府跨部门和跨区域合作、政府与社会组织及公民等社会力量的合作以及基层民众的合作治理等。[①] 传统的偏技术取向的风险管理难以适应现实变化，因此需要改变以国家为中心的治理模式，建立起政府、企业、非营利组织、行业专家和公众等社会多元主体共同参与的风险治理机制[②]；应当整合公众参与等要素，不仅要有“利益相关者”，还要有“风险相关者”参与其中，实现公共利益和风险的分配[③]。通过对“非典”事件的分析，有学者认为现代社会风险与过去相比已发生了根本性的变化，新社会风险治理体制应充分考虑到文化、价值和制度建设等多方面因素，在政府、企业、社区和非营利组织之间建立起网络联系和信任关系至关重要。[④]

在新形势下，“走向多元治理”成为社会矛盾化解机制的新探索。政府应为社会组织参与矛盾纠纷化解创造发展空间，同时完善相关法律法规建设。[⑤] 尤其是在应对大都市突发事件中，我们更要改变政府作为单一主体的传统模式，建立多元共治机制。[⑥] 群体性事件是社会风险动态演化为公共危机的触发事件，要加强对群体性事件的动态治理。[⑦] 从国际经验来看，构建政府、企业、社区、居民和志愿团体等多元参与的风险治理体系也成为基本共识。[⑧] 但这种“复合治理结构”的构建——包括“职责同构”

---

① 王均、史云贵、吴庆悦：《合作治理视域中的我国有效应对“风险社会”的理性路径论析》，《天府新论》2011 年第 4 期，第 6—11 页。

② 张成福、谢一帆：《风险社会及其有效治理的战略》，《中国人民大学学报》2009 年第 5 期，第 25—32 页。张成福、陈占锋、谢一帆：《风险社会与风险治理》，《教学与研究》2009 年第 5 期，第 5—11 页。

③ 郭秀云：《重大项目：从“社会影响评价”到“社会稳定风险评估”》，《中国社会公共安全研究报告》2015 年第 1 期，第 33—41 页。

④ 赵延东：《风险社会与风险治理》，《中国科技论坛》2004 年第 4 期，第 121—125 页。

⑤ 刘中起、风笑天：《走向多元治理化解：新形势下社会矛盾化解机制的新探索》，《福建论坛（人文社会科学版）》2010 年第 1 期，第 155—161 页。

⑥ 易承志：《社会组织在应对大都市突发事件中的作用及其实现机制》，《中国行政管理》2014 年第 2 期，第 60—64 页。

⑦ 童星、张海波：《群体性突发事件及其治理——社会风险与公共危机综合分析框架下的再考量》，《学术界》2008 年第 2 期，第 35—45 页。

⑧ 杨典：《特大城市风险治理的国际经验》，《探索与争鸣》2015 年第 3 期，第 33—34 页。

的政府组织模式、“技术治理”的运行机制、“行政发包”的治理运行模式①——却面临艰巨挑战，从而需要在体制机制上进行新的探索。

第三节　对已有研究的评价

通过文献梳理我们可以发现，社会风险及其治理是近年来学界关注的重要内容，已有研究在这方面做出了许多贡献：一方面，建立了风险、风险治理的概念、框架体系和研究范式，为以后的研究奠定了扎实的理论基础；另一方面，提供了丰富的社会风险分析视角，为我国各类社会风险的研究积累了大量的经验素材，在一定程度上促进了风险研究的深化与发展。同时，也有一些问题需要进一步探究。

首先，对以人民调解组织为代表的社会力量参与风险治理的路径与机制缺乏深入研究。已有的研究多是将政府作为风险治理的主体，在“国家—制度”的框架下讨论问题，从制度改革和机制建设方面提出社会风险治理的建议。现代社会风险具有多样性、复杂性，以政府为主导的风险治理模式缺乏灵活性，以市场为主导的风险治理模式则成本较高。人民调解组织作为政府、市场之外的社会力量和社会机制，在参与社会风险治理方面具有比较优势。在近年来我国人民调解事业蓬勃发展的背景下，人民调解组织参与社会风险治理的研究亟待丰富和深化。

其次，对人民调解组织在风险治理过程中的角色与作用研究不足。已有的研究关注到社会组织参与矛盾纠纷化解的具体实践，但多数是对社会组织在矛盾纠纷化解中的作用、优势、发展困境等进行研究，并未对参与其中的社会组织展开内部比较分析。社会组织尤其是人民调解组织不是一个同质性的整体，在实践中它存在多种样态，不同形式的人民调解组织在矛盾纠纷化解中的角色、作用是不尽相同的，它们在这个过程中与政府部

---

① 李友梅：《城市发展周期与特大型城市风险的系统治理》，《探索与争鸣》2015年第3期，第19—20页。李友梅：《我国特大城市基层社会治理创新分析》，《中共中央党校学报》2016年第2期，第5—12页。黄晓春：《中观层次：优化特大型城市的风险复合治理结构》，《探索与争鸣》2015年第3期，第21—23页。黄晓春、周黎安：《政府治理机制转型与社会组织发展》，《领导科学》，2018年第7期，第20—21页。

门之间的互动过程也是不尽相同的。这些都有待进一步分析。

最后，对特大城市这种特殊空间中的社会矛盾纠纷关注不足。已有的研究更多是针对一般城市、农村社区中的征地、拆违、环境、信访等具体矛盾纠纷进行研究，而对特大城市这种特殊空间的矛盾纠纷则研究不足。因经济高度发展，人口高度集聚，社会高度开放，特大城市的社会风险呈现出突发性、密集性、流动性、叠加性等特征。[①] 同时，由中国社会的社会转型、“压缩式发展”所衍生的利益分化、信任危机、社会焦虑等问题均进一步增加了风险治理的难度。

因此，以人民调解组织为切入点，剖析城市基层矛盾纠纷化解中的社会机制，无疑具有显著的理论价值和现实意义。

---

① 李友梅:《城市发展周期与特大型城市风险的系统治理》,《探索与争鸣》2015 年第 3 期，第 19—20 页。李友梅:《我国特大城市基层社会治理创新分析》,《中共中央党校学报》2016 年第 2 期，第 5—12 页。

第三章 人民调解组织参与矛盾纠纷化解的现实需求

当前我国正处于社会转型期，基层矛盾纠纷多样化、复杂化，社会面临的风险和不确定性有所增加。如何有效化解基层矛盾纠纷、推进社会风险治理已成为一项重要的研究议题。在社会治理体制创新的进程中，在传统的矛盾纠纷化解中的国家力量、市场力量之外，以人民调解组织为代表的社会力量越来越重要，在矛盾纠纷多元化解机制中发挥着基础性作用。

第一节 转型期我国的社会风险样态

当前，我国正在经历“压缩的现代化”（compressed modernity）①，同时拥有工业化和自反性现代化的特征，面临着第一现代性和第二现代性双重强制的共时性困境。② 所谓“压缩的现代性”，是指在社会发展的进程中，经济、政治、文化和社会变迁等要素以非常密集的方式同时产生于某一时空中。这些要素的动态结合使得社会结构呈现出高度复杂性与不稳定性，矛盾纠纷增多，社会风险不断滋生。

一、社会风险的总体特征

现代化是一个广泛而深刻的社会变迁过程，正如塞缪尔·P. 亨廷顿

---

① Chang Kyung-Sup, “The second modern condition? Compressed modernity as internalized reflexive cosmopolitization,” *British Journal of Sociology*, 2010, 61 (3), pp. 444 - 464.

② ［德］乌尔里希·贝克、邓正来、沈国麟：《风险社会与中国——与德国社会学家乌尔里希·贝克的对话》，《社会学研究》2010 年第 5 期，第 208—231 页。

(Samuel P. Huntington) 所言:“现代性孕育着稳定,而现代化过程却滋生着动乱。”① 我国正处于现代化进程的关键时期,在全球化的外部拉力和社会转型的内生推力的双重作用下,社会的不确定性日益增长,导致风险放大的社会要素也日益增多。当前我国的社会风险既具有全球化风险的一般性,又表现出转型时期“中国式风险社会”的特殊性。总体来看,当前我国的社会风险具有以下特征。

首先,风险类型多样化。我国正在经历“压缩的现代化”,处于从传统社会向现代社会、从封闭型社会向开放型社会过渡的转型期。作为一个后发展国家,我国工业化和现代化起步晚、起点低、速度快,具有明显的外源性、跳跃性和非均衡性。这一时期,各种传统要素、现代要素、后现代社会要素共存,呈现出一种混合型的社会形态。与此同时,不同社会形态的风险也是共时存在的,我们不得不同时面对农业社会、工业社会、后工业社会以及信息社会的各种矛盾和风险。因此,当前我国面临着社会风险类型多样化的现实。

其次,风险来源多元化。从世界各国的经验来看,转型期也是社会矛盾的集中期和凸显期。我国的社会转型是多面向的总体变革,因而社会风险的来源也具有多元化的特点。市场经济转型导致的利益分化与社会隔阂不断加深,制度转型导致社会结构紧张与公共服务不完善,产业结构转型导致结构性失业与企业发展的阵痛,社会文化体系转型导致社会信任危机与社会失范加剧,等等。可以说,社会转型的每一个环节、每一次变革都伴随着社会风险,我国的社会风险具有明显的多元化特征。

最后,风险关系复杂化。社会转型是一场广泛而深刻的社会变革,涉及不同利益群体之间的利益关系和利益诉求。风险社会中的风险是超越了个人的、针对全体人类的、系统化的、不可逆的危险,在全球性风险和本土性风险的交织冲击下,所有国家、民族和个人都参与了对这种风险的分配。但是,现代风险无视个人在阶层、种族、富裕程度和权势上的差别,即使这些差别对于个体命运来说具有决定作用。由于资源的不对等和非均

---

① [美]塞缪尔·P. 亨廷顿:《变化社会中的政治秩序》,王冠华等译,生活·读书·新知三联书店,1989,第31页。

衡性，在系统的风险面前，不同主体处理风险问题的方式、诉求不同，因此容易引发关系冲突，造成风险关系复杂化，最终导致风险放大。

具体而言，这些社会风险包括由于社会制度不完善导致的资源分配不均、贫富差距拉大、群体间利益失衡、社会阶层分化加剧等结构性风险，也包括政策制定、执行的刚性导致的人口、资源、环境、发展、利益等政策性风险，还包括思想观念转型带来的道德解组、文化冲突、价值迷失、信任危机等文化心态风险。可以看出，在“压缩的现代性”时期，由于多种社会要素的密集式生产和变革，我国面临着日益严峻的风险考验，不仅传统风险与现代性风险纵横交织，而且全球性风险与本土性风险相互重叠，这些加剧了我国的风险现状。我国的社会风险问题展现出比西方社会更大的复杂性，因而亟须建立一套能够有效应对社会风险的风险治理机制。

二、“中国式风险社会”的形成

改革开放以来，中国社会经历了剧烈的经济、社会变革，人们越来越感受到社会风险的蔓延与扩散，并从个体风险逐渐发展到系统风险或社会风险。[①] 其中，“新社会风险”（New Social Risks）的不断增多更是加剧了人们的风险感知和社会焦虑。“新社会风险”是 20 世纪 90 年代以来西方社会福利、社会政策研究的一个新视角。与传统的社会风险相对应，新社会风险指 20 世纪 70 年代以来主要西方国家从工业社会步入后工业社会之后，因产业结构、就业结构、阶级结构、权力结构和社会结构等方面的变迁而在社会需求、社会关系上出现的一系列新的变化。这些新变化超越了战后以福利国家为治理框架的风险治理体系，因而被称为“新社会风险”。具体而言，新社会风险主要包括：劳动力市场变化带来的结构性失业和贫困风险，妇女地位上升带来的子女抚养和老人护理等生活周期性风险，深度老龄化带来的老年人养老风险，福利政策市场化、私有化改革导致的社

① 郑永年、黄彦杰：《风险中国——风险时代的中国社会》，《文化纵横》2012 年第 5 期，第 48—56 页。

会两极分化与新贫困风险等。[1] 这些新社会风险的出现，对西方国家社会政策的改革与重构产生了深远影响。

在“中国式风险社会”的形成中，“新社会风险”自1994年中国社会进行全面的经济改革以来不断涌现，如国企改革、下岗分流，住房、教育、医疗领域的市场化，以及普遍存在的食品安全、公共卫生、环境污染等。这使得中国社会从之前人们对风险没有明显体验、感知的社会迅速转变为“很多人存在危机四伏感觉的风险社会”[2]。而且，随着社会转型的加速推进，中国社会在很多方面表现出区别于西方社会的风险特性，如风险的累积、叠加与生成机制，风险的分布、传递与转移机制，风险的认知、放大与扩散机制等，这使得“中国式风险社会”逐渐形成。一方面，当下中国社会的绝大多数风险已经不再是一元化的、孤立的风险，而是多种风险因素长期累积、相互叠加、相互作用的产物。例如，近年来广受关注的阶层固化、自我阶层认同“向下偏移”、社会焦虑普遍化等问题，大多与社会转型中社会成员在社会权利、社会保障、社会发展等方面的剧烈分化密切相关，而这些领域的分化又进一步加剧了他们之间的社会不平等，甚至使他们陷入贫困境地。这些社会风险的累积、叠加，无疑对当前及未来社会发展具有潜在威胁。

另一方面，“中国式风险社会”的更加独特之处在于其风险转移与分配机制。贝克认为，在风险社会中，传统工业社会的逻辑基础已经发生改变：“从短缺社会的财富分配逻辑向晚期现代性的风险分配逻辑的转变。”[3] 风险的分配与转移已经成为风险社会关键的权力机制之一。从中国社会来看，风险的分配与转移首先体现在不同群体之间。例如，20世纪90年代的福利市场化改革，也可以被看作社会风险从体制内群体逐渐转移到体制外群体，使这些社会群体面临更多的不确定性。同时，风险的分配与转移也体现在不同的风险类型之间。经济、政治、社会政策的不当

① ［英］彼得·泰勒-顾柏：《新风险·新福利：欧洲福利国家的转变》，马继森译，中国劳动社会保障出版社，2010。

② 郑永年、黄彦杰：《风险中国——风险时代的中国社会》，《文化纵横》2012年第5期，第48—56页。

③ ［德］乌尔里希·贝克：《风险社会》，何博闻译，译林出版社，2004，第15页。

可能会将短期随机风险转化为长期的结构性风险。这虽然可以带来暂时的稳定，却容易加深结构性不平等，诱发更多的社会风险。“中国的风险分配格局几乎复制了社会阶层的分布格局，对任何个体而言，风险与权力和财富完全成反比。”[①] 当然，在全球化、网络化的时代，社会风险的认知、放大与扩散也越来越受到信息技术的影响。尤其是在中国这样一个移动通信技术涉及人群如此之广、渗入日常生活如此之深的社会，技术进步对社会风险治理的影响需要我们对其进行更为深刻的反思。[②]

第二节 基层矛盾纠纷的类型与表征

当前，浦东新区的基层矛盾纠纷主要呈现出如下特点：第一，传统矛盾纠纷与新型矛盾纠纷并存。传统的矛盾纠纷主要是表现较为单一的婚姻家庭纠纷、邻里纠纷、债务纠纷等，这类矛盾纠纷占到总数的绝大部分。同时，新型矛盾纠纷类型更加多样化，医疗、道路交通、物业管理、劳动争议等涉及民生问题的专业性纠纷，以及投资、贸易、金融、房地产等涉及市场的专业性纠纷增多，其中较多纠纷属于复合纠纷，涉及多个部门。第二，人们思想观念的变动加剧了解纷困难。人们的生活观、世界观和价值观等均已发生显著变化，对与自身有着密切联系的利益更加注重。同时，由于自我意识的觉醒，人们的维权意识不断增强，这也在客观上加剧了矛盾纠纷化解的困难性、复杂性。第三，矛盾纠纷化解的专业性更高。矛盾纠纷化解所适用的社会规范及内容已经发生了显著变化，传统习惯与村规民约逐步让位于法律规范、专业知识，这也对人民调解工作的专业化、职业化发展提出了更高要求。

具体而言，浦东新区在基层管理中主要面临三类矛盾纠纷：一是重大工程、重要项目和重点整治引起的矛盾纠纷；二是老旧小区、大型居住社

① 郑永年、黄彦杰：《风险中国——风险时代的中国社会》，《文化纵横》2012 年第 5 期，第 48—56 页。

② 赵方杜、石阳阳：《社会韧性与风险治理》，《华东理工大学学报（社会科学版）》，2018 年第 2 期，第 17—24 页。

区等因物业管理与服务所引发的物业管理矛盾纠纷；三是营商环境优化中的新型金融矛盾纠纷。这些矛盾纠纷的具体表现则不尽相同。

一、重大工程、重要项目和重点整治引发的矛盾纠纷

近年来，为进一步深化改革和扩大开放，一大批重大项目、重大工程和重点整治工作在浦东新区陆续开展。《上海市浦东新区统计年鉴（2017年）》显示：在这些重大项目、重大工程和重点环境项目的推进过程中，2010 年、2015 年和 2016 年，全区完成的房屋拆迁总数分别为 3 725 户、3 457户和 551 户，完成拆迁总面积分别为 139. 78 万平方米、50. 68 万平方米和 6. 42 万平方米。其中，涉及重大项目的拆迁的分别为 1 175 户、96 户和 6 户，相应拆迁面积则为 26. 79 万平方米、1. 77 万平方米和 0. 41 万平方米。其余的则包括对企事业单位的拆迁、公房拆迁、私房拆迁、个体工商户拆迁和旧城改造拆迁等。这些重大项目、重点工程以及重点整治工作涉及多种主体和多重利益，容易产生矛盾纠纷。

第一，影响居民日常生活，产生社会矛盾。重大项目、重点工程以及重点整治主要是对城市面貌的改变，在此过程中群众的日常生活会受到一定影响，导致生活矛盾突出。2009 年上海市地铁 8 号线试运行期间，8 号线的施工和运行导致浦东新区玉泉街共计 276 套房屋发生倾斜，墙面、地坪开裂，还有室内漏水、噪声污染等问题，严重影响了居民们的正常生活。此外，周街道[①] 2010 年迎来“后世博时代”，诸多城市美化工程的弊端不断凸显。例如，五个统一工程（统一空调挂架、统一空调给水管、统一平改坡、统一沿马路窗户铝合金、统一收缩衣架）因施工质量问题给居民生活造成诸多不便，社区矛盾爆发。又如，北镇高科西路扩建问题给附近居民带来灰尘、噪声污染等问题，严重影响到居民的日常生活，居民要求重新进行环境监测评估。诸多重大项目、重点工程以及重点整治的开展给居民生活带来一定程度的影响，造成居民与施工单位之间的矛盾纠纷。

---

① 因涉及社会学的研究伦理，此类街镇名均已隐去实际名称。

第二，触动居民直接利益，引发社会冲突。上海市委、市政府在发展城市经济的同时，高度重视城市生态环境治理。2015 年 7 月至 2016 年年底，上海持续开展三轮“五违四必”整治工作。其间，全市范围内开展“补短板、拆违建，治环境、惠民生，促转型、谋发展”的环境综合治理。作为上海环境综合整治重点地块之一，合镇动员全部力量着重开展相关工作。合镇环境综合整治经历了一个由浅入深、由表及里、先易后难的过程。其中以拆违工作最为艰难，因为其触动了部分群众的根本利益。拆违工作造成部分群众居住面积减少、租房收入减少，失去非法使用的工业土地等。杨镇路社区由于基础设施薄弱，辖区内 345 间无证车库一直是环境整治的难点。与此同时，无证车库的整治将会直接牵连到部分居民的直接利益，造成租赁收入的减少，影响停车的便利度等，极易引发社会冲突。

第三，信访矛盾增多，不利于社会稳定。重大项目、重点工程以及重点整治等工作的本质是为了推动美好城市的建设，但是在系列工作开展中遭受到了部分居民，尤其是那些根本经济利益遭受损失的群众的抵制和反对，因而造成大量的信访矛盾。这些矛盾主要表现在以下几个方面：（1）已经动迁的或待动迁的信访人不满动迁条件；（2）未动迁的信访人反馈居住环境差而主动请愿动迁；（3）由物业管理引发的矛盾日益突出，如小区停车管理、垃圾清理、基本设施维护等；（4）因“五违四必”、群租、违章搭建整治等引发信访矛盾；（5）因环境、卫生问题举报群租、违章搭建和无证经营等现象；（6）由于广场舞扰民、夜排档油烟噪声扰民、垃圾未及时清理等引发矛盾。

二、住宅小区物业管理矛盾纠纷

浦东新区社区类型多样，如老式居住社区、单位型社区、村居混杂社区以及新型住宅小区等。由此导致住房性质多样，如拆迁安置房、动迁房、商品房、租赁房、保障性住房等各种性质的住房。这些情况给基层社会治理带来了极大挑战。此外，业主与物业公司时常在物业服务的内容、质量和方式等方面产生矛盾纠纷。

第一，业主之间的矛盾。社区里的业主都是物业公司的服务对象，但不少业主常就物业服务的具体内容产生不同的意见与想法，从而造成业主与业主之间的矛盾。例如，北镇辖区内部分住宅小区业主对停车问题有不同的看法。由于社区内的房屋多为20世纪建造而成，因此未充分考虑到未来人们的停车需求，造成现今停车位极为有限。为解决停车难的问题，有停车需求的居民提出缩减绿化面积增加停车位，而无停车需求的居民则表示该行为侵犯了自身的权益，违反了法律规定，同时缩减绿化面积会造成环境污染、小区停车拥堵等问题。因此不同的业主在物业管理的具体形式上产生了矛盾纠纷。

第二，业主与物业公司之间的矛盾。物业公司与业主之间的矛盾集中在服务供给与物业费缴纳等方面。物业公司和业主之间常就物业服务标准等产生矛盾纠纷，业主投诉物业公司服务效果未达业主要求，维修不及时、保洁或保绿不到位、安保措施不全等。因此，业主时常以物业服务不到位、程序不合法等为由拒绝缴纳或上调物业费；而物业公司则采取断水断电、停用电梯、降低服务标准等方式催收物业费，双方矛盾进一步激化。张镇辖区内某物业管理有限公司反映，该公司管辖的张镇广兰路1155弄一业主顾师傅长期欠缴物业管理费，严重影响了该小区的正常管理和运作。而顾师傅反映，其房屋存在严重质量问题，天花板主梁部位出现明显裂缝，影响其正常生活，物业虽多次派人上门修缮，但一直未能从根本上解决问题，因而造成业主与物业公司之间的矛盾。

第三，居委会与物业公司之间的矛盾。从性质上讲，居委会是基层群众性自治组织。在现实生活中，部分居民对居委会过度依赖，在日常生活中遇到问题时更习惯向居委会寻求帮助，居委会在社区事务中发挥着兜底作用。浦东新区张镇辖区内某老旧小区多数居民为老年人，物业服务落后，业主维权意识不强且不清楚通过何种途径进行报修和缴费。因此，很多居民找到居委会寻求帮助。无奈之下，居委会工作人员结合社区的实际情况安排工作人员定期轮流代收物业管理费用，承担部分物业公司的职能。这在满足居民物业需求的同时，也增加了居委会自身工作的负担，并且进一步催生了居委会与物业公司之间的矛盾。

三、涉金融类矛盾纠纷

2017年，第五次全国金融工作会议提出，金融工作必须紧紧围绕服务实体经济、防控金融风险、深化金融改革三项任务。伴随着浦东新区自贸区建设、“一带一路”建设的深入实施、互联网金融的快速发展，以P2P为代表的网贷平台“野蛮生长”，浦东商事纠纷不断增加，涉金融类矛盾纠纷呈现出快速增加的趋势。

第一，证券类矛盾纠纷。这一类型矛盾纠纷主要表现为证券交易合同纠纷、证券投资咨询纠纷、证券发行纠纷、融资融券交易纠纷、交易结算资金纠纷及其他业务纠纷等六类，其中证券投资咨询纠纷、证券交易合同纠纷、证券发行纠纷等三类纠纷较多。证券投资咨询纠纷主要集中在投资咨询公司提供的服务与销售宣传不符等方面；证券交易合同纠纷主要集中在服务行为不规范、转销户业务纠纷、佣金和交易系统故障或数据不精准等方面；证券发行纠纷主要集中在新股中签而未通知到客户导致未能全额缴款，网下配售未通过审核以及债券中签后资金被提前冻结等方面。证券类纠纷呈现出涉及领域广、涉及机构多、纠纷相互交叉等特点。

第二，金融类纠纷。金融类纠纷主要表现为消费者个人与金融机构之间的矛盾纠纷，其主要类型有两种。(1) 银行类纠纷。主要分为信用卡纠纷、理财类纠纷、储蓄类纠纷、贷款类纠纷以及服务类纠纷。其中理财类纠纷占比较大，具有涉案金额大的特点，其表现形式多种多样，但消费者要求金融机构赔偿的理由基本一致，即工作人员在推荐和销售时存在误导，未尽到告知和提示风险的义务。(2) 非银行类纠纷。该类矛盾纠纷主要是指微信、支付宝等第三方支付平台与金融消费者之间的矛盾纠纷。微信、支付宝等第三方支付平台在日常生活中应用广泛，该类纠纷主要来自12363金融消费权益保护咨询投诉电话。

同时，浦东新区的涉金融类矛盾纠纷也存在于商事领域，具体表现为在买卖合同、加工承揽合同、代理合同、民间借贷、涉外商事等方面的矛盾纠纷。

第三节　矛盾纠纷化解中的国家、市场与社会

现代社会公共治理的三个基本机制是国家、市场和社会。[①] 相应地，基层矛盾纠纷化解、社会风险治理也存在国家、市场与社会三种机制，它们应对不确定与风险的方式不尽相同。这既符合矛盾纠纷发展的特点与发展规律，也是建立和完善矛盾纠纷化解的多元机制的客观需要。

一、工具主义视角下的国家力量

在社会转型过程中，国家由计划经济体制转向市场经济体制，国家治理实现了由“人治”向“法治”的巨大转变，整体法治化进程不断加快。与此同时，随着教育事业的发展，人们的基本素质与法律意识不断提升，使得人们的思维方式发生了转变，矛盾纠纷解决方式也发生了改变。人们越来越倾向于选择工具主义范式的法律武器来保护和捍卫自我权益，诉讼越来越成为解决矛盾纠纷的主要方式。因此，不少学者宣称中国已经进入“诉讼社会”，“诉讼爆炸”现象日趋明显。由于有意识的选择倾向，当下人们在矛盾纠纷化解中对公力救济的需求远远大于社会自治性调整，这使得很多本可以通过非诉讼方式解决的矛盾纠纷不能得到及时处理，甚至造成了矛盾激化。[②] 与此同时，诉讼机制的弊端也显而易见，诉讼方式具有严格的程序性，虽不易出现各种人为因素造成的差错，但正因其严密的步骤，耗费的人力资源、时间成本和资金也是可想而知的，因此诉讼调解也不一定是解决纠纷的最好方式。

为应对我国社会转型时期各类矛盾纠纷多发频发的严峻形势，且鉴于矛盾纠纷复杂化、专业化的发展趋势，多元化纠纷解决机制应势而出。与

---

① 杨雪东：《全球化、风险社会与复合治理》，《马克思主义与现实》2004 年第 4 期，第 61—77 页。

② 方霞、张荣华：《当今我国社会矛盾纠纷及其化解机制探究》，《中国集体经济》2012 年第 1 期，第 184—187 页。

此同时，国家也将多元矛盾纠纷化解纳入制度和政策范围内。2011 年 4 月 22 日，中共中央社会治安综合治理委员会、最高人民法院等 16 部门联合印发了《关于深入推进矛盾纠纷大调解工作的指导意见》，标志着大调解工作的全国化和制度化。[①]

"大调解"的目的在于整合民间、行政和司法力量等各种资源共同参与调解以将矛盾纠纷化解在基层，以达到风险预防的目的。"大调解"的核心是强调多种调解资源的有机配合，达到资源利用最大化和社会风险最小化，其在取得一定社会成效的同时也面临着许多的问题。第一，机制运行不良。"大调解"强调的是各调解资源之间的衔接，制度设计上经《人民调解法》和最高人民法院颁布实施的一系列法规的司法解释，在法律层面上人民调解与司法调解的衔接已经没有问题了，但在实际操作中两者仍存在分工不清、功能替代和程序设计重复等问题，多元纠纷化解机制作用发挥未达预期效果。[②] 第二，机制力量分布不均。随着我国法治化进程的加快，司法调解和行政调解机制日趋完善，但作为"东方之花"的人民调解却呈现出一定程度的相对弱化。现实社会中本来定位于群众性自治组织性质的人民调解组织对党委和政府的依赖程度高，各级政府及职能部门在其中发挥核心作用。[③] 这使得人民调解组织在本质上已经慢慢沦为政府的行政职能部门，这无疑会影响到其专业化、可持续化的发展。

可见，在基层矛盾纠纷化解中，政府利用政治权力和行政体系能有效动员制度性资源，通过使用合法性暴力、制定法律规范、实施公共工程或塑造社会观念等来化解社会矛盾纠纷，可以最大限度地避免其带来的社会风险和扰动，或将其所造成的社会损害和负面影响降至最低。"大调解"在风险治理中具有权威性、强制性、整合性、渗透性强等优点，但也存在成本高、效率低甚至是权力滥用等问题。"大调解"实施的好坏实际上取

---

① 谢岳、汪薇：《从调解到大调解：制度调适及其效果》，《中共天津市委党校学报》2012 年第 4 期，第 29—44 页。

② 王强：《社会矛盾纠纷多元化解决机制的构建与完善》，《人民论坛》2013 年第 14 期，第 42—43 页。

③ 吴英姿：《"大调解"的功能及限度：纠纷解决的制度供给与社会自治》，《中外法学》2008 年第 2 期，第 309—319 页。

决于党委和政府的重视程度，因而没有从根本上提高社会自我化解矛盾纠纷的能力和提升社会自治力的程度。[①] 组成该机制的各方力量仍处于一种不平衡状态，由此形成的多元机制的实际运行效果有待加强。这表明国家有限的资源无法满足社会对公力救济的需求，以政府为中心的矛盾纠纷化解机制在实践中表现出明显不足，需要有更多力量参与到矛盾纠纷化解中来。

二、风险偏好视角下的市场力量

作为社会治理机制之一的市场在风险治理中也发挥着一定的作用，市场为风险治理提供了另一条思路——分担风险。与厌恶风险的国家和社会治理机制不同，市场是一种偏好风险的机制，一种把冒险制度化的机制，依靠投资者的冒险行为推动。[②] 具体而言，市场力量通过社会分工法促进生产、分配、交换及消费各个部分的紧密联系，并针对需求产生了特定的专业化的组织和部门，这些组织和部门通过分工合作参与社会风险分担与治理。因此，一方面，市场力量利用风险的特点塑造了经济动力；另一方面，市场各组成部门均处于风险中，其本身就是一个巨大的风险源，资本主义市场下的经济危机就是最好的证明。在矛盾纠纷化解中，就参与的具体主体而言，保险公司和律师事务所的作用较为明显。

随着全球化和风险社会形势的加剧，人们似乎也开始有意识地加强自身应对风险的能力，并期望通过市场这一便捷的方式减少自身损失。因此，当下保险行业发展如火如荼，保险的种类不断增多、范围不断扩大，财产保险和人身保险是我国商业保险的两大重要分类，其中各自又有更为详细的分类。保险业能够有效参与风险治理的原理在于通过创新运用保险技术，针对社会风险源进行定性、定量分析，我们可以运用保险技术

---

① 周望：《转型中的人民调解：三个悖论——兼评〈人民调解法〉》，《社会科学》2011 年第 10 期，第 100—106 页。

② 杨雪东：《全球化、风险社会与复合治理》，《马克思主义与现实》2004 年第 4 期，第 61—77 页。

处置其中具有客观性和可测性的风险，最终达到多数社会风险被分解、转化或被预防、控制的结果。[①] 作为风险治理古老方式之一的保险业，有参与社会治理的属性和优势，但与此同时，在参与过程中保险业也暴露出其弊端与不足。一方面，风险偏好的重要特点使保险业的发展与繁荣建立在风险发生的基础上，即使社会风险不可避免，但人类仍旧致力于降低风险发生的概率以从根本上减少风险发生带来的损失；保险服务的根本目的并不是减少风险，而是分散风险。另一方面，保险服务发挥有效作用的时间是在风险发生后，是一种事后处理机制，如日常生活中的车辆保险等，虽弥补了当事人发生事故后的赔偿金额，但并未涉及事故发生时如何化解当事人之间的矛盾纠纷。

律师事务所也是人们日常生活中化解矛盾纠纷的重要选择之一，与保险行业类似，律师事务所的发展也建立在矛盾纠纷发生的基础之上，以风险偏好为导向。同时，随着基层矛盾纠纷的多样化、专业化发展，以及人们维权意识、法律意识的提升，越来越多的人选择聘请律师，通过诉讼的方式维护自身权益。但律师及律师事务所也是以国家有限的法律资源为基础的，所以这难免会加剧司法资源供不应求的趋势。而且，从现有情况来看，通过司法诉讼化解基层矛盾纠纷的显著问题之一就是周期长、成本高，尤其是执行难的问题。调研发现，多起家庭纠纷、邻里纠纷、交通纠纷及医疗纠纷等在法院判决后却面临难以执行的问题，这显然不利于矛盾纠纷的真正、有效化解。

可见，在矛盾纠纷化解中，市场机制通过社会分工体系促进了生产、分配、交换和消费等领域的专业化、组织化，这不仅有效地满足了人们预防风险的多样化需求，也促进了风险的社会分担，以降低风险带来的损失。市场机制在风险治理中具有需求导向、理性计算、充分竞争、责任分散和资源配置高效等优点。但市场参与风险治理的路径始终是建立在风险偏好的基础上，存在信息不对称、逆向选择、风险分担不均等问题，同时也不可避免地存在市场失灵的现象，且对矛盾纠纷化解中社会自治力量的发展也存在一定限制。

---

① 翁小丹、曹越：《创新运用保险技术分解社会风险探究》，《保险研究》2012 年第 3 期，第 104—109 页。

三、社会组织参与矛盾纠纷化解的比较优势

在矛盾纠纷化解中，鉴于国家和市场作用的局限性，更好地发挥社会力量的作用成为现实的选择之一。党的十八届三中全会指出，创新社会治理体制，充分激发社会组织活力，适合社会组织提供的公共服务和解决问题的事项交由社会组织承担。党的十八届五中全会进一步强调，要发挥好社会组织在引导社会成员参与青少年教育、矛盾调解、社区矫正、风险评估等方面的积极作用。人民调解类社会组织作为社会力量的重要代表能够利用自身的独立性、公益性、专业性等优势，并在政府购买服务的政策支持下参与矛盾纠纷化解，降低社会风险，维护社会稳定发展。整体而言，人民调解组织的比较优势主要体现在如下方面：

第一，身份独立，获得更多社会信任。社会组织在性质上是独立于国家、市场的具有公益性的第三方组织，且不以营利为目的。这使得他们更能专注于公共服务的提供，且对社会公益事业的发展具有较强的独立性、专业性和社会责任感。与政府部门相比，人民调解组织在化解矛盾纠纷时更容易让人们放下心理戒备，更愿意敞开心扉和接受调解。这些重要因素让第三方的人民调解组织在无形中赢得了更多人的信任，获得了更多的社会资本。

第二，贴近民众，搭建协商平台。人民调解类社会组织作为一个基层的公益性组织，扎根于民众的日常生活中，容易倾听、汇集和传递人民群众的想法与诉求，及时展开专业服务回应民众的需求，化解社会矛盾，将社会风险遏制在“萌芽状态”。同时，作为社会治理的重要力量之一，人民调解组织为民众之间以及社会与国家之间搭建起了一个利益协商的沟通平台，易于链接政府、市场、社会等相关资源，推进矛盾纠纷有效化解。

第三，运作灵活，处理矛盾纠纷高效。在现实中，矛盾关系总是处于不断变化的过程中，并不一定能一次性得到解决，在一次矛盾解决后矛盾关系可能持续存在并可能衍生出新的矛盾。[①] 相较于政府部门而言，社会组织的组织架构及运作方式较为灵活，可以根据矛盾纠纷的发展变化及时

① 陆益龙：《快速转型期城市社会易发矛盾纠纷及其化解机制》，《人文杂志》2013 年第 12 期，第 101—109 页。

调整行动策略而灵活采取有针对性的处理措施，与政府事后裁定和按部就班相比更具时效性。[①] 这表明，人民调解类社会组织可以在矛盾纠纷的“萌芽期”进行介入和持续“跟踪”，以降低社会矛盾纠纷带来的风险，形成社会治理的“安全网”和“保护伞”，践行社会治理的“预防型”思维。

可见，在基层矛盾纠纷化解中，社会机制主要是通过人民调解类社会组织和其他社会力量的相互合作与集体行动，以参与公共事务、提供社会服务、解决社会问题、倡导社会政策等方式介入矛盾纠纷化解与社会风险治理。社会机制介于国家、市场两种机制之间，在一定程度上能避免政府失灵和市场失灵，但也存在资源依赖、自主性弱、专业化不足等现实问题。当然，国家、市场、社会三种机制显然不是截然分开的，它们在不同社会背景下相互组合、支撑与制衡，共同构成应对现代风险社会的“复合治理”[②]。

本章分析了在我国社会风险积聚与治理转型的背景下，人民调解类社会组织参与基层矛盾纠纷化解的现实需求。首先，当前我国的社会风险呈现出风险类型多样化、风险来源多元化和风险关系复杂化的特征，且这些社会风险具体表现为结构性风险、政策性风险和文化心态风险等。同时，“中国式风险社会”凸显，即大多数风险是多种风险因素长期累积、相互叠加的结果，且社会风险的转移与分配机制，以及认知、放大与扩散机制等均出现新变化。其次，浦东新区基层矛盾纠纷具有新旧矛盾并存，解纷的困难性、复杂性、专业性显著增加等特点，在基层管理中，浦东新区主要面临的三类矛盾纠纷：重大工程、重要项目和重点整治引起的矛盾纠纷，老旧小区、大型居住社区等因物业管理与服务引发的物业管理矛盾纠纷，营商环境优化中的新型涉金融类矛盾纠纷。最后，基层矛盾纠纷化解中存在国家、市场和社会三种机制，他们的优缺点不尽相同，在当前创新社会治理体制、激发社会组织活力的现实背景下，以人民调解组织为代表的社会力量利用其独立性、专业性、草根性、整合性的比较优势，在一定程度上能避免政府失灵和市场失灵，推进矛盾纠纷的有效化解。

---

① 张仲涛、徐韩君:《试论社会中介组织化解社会矛盾的优势与路径》,《苏州大学学报（哲学社会科学版）》2013 年第 2 期，第 53—58 页。

② 杨雪冬:《全球化、风险社会与复合治理》,《马克思主义与现实》2004 年第 4 期。

第四章　人民调解组织参与矛盾纠纷化解的结构与功能

社会组织是社会治理的重要主体和力量，人民调解组织参与矛盾纠纷化解是风险治理社会化的重要实践之一，也是人民调解制度走向专业化、职业化、社会化的必然发展之路。人民调解制度在从传统的民间调解到今天的专业化调解经历了怎样的发展转换？浦东新区的人民调解组织是如何在不断演化中参与基层矛盾纠纷化解的？其组织结构、组织方式、运作机制、运作效果等方面呈现出怎样的状态？本章将针对这些问题展开具体论述。

第一节　人民调解制度的渊源与发展

人民调解是一种非诉讼的矛盾纠纷解决机制，与行政调解、司法调解不同，人民调解是在民间调解基础上发展而来的，是对我国长期存在的“息讼止争”文化传统的继承和发展。先秦时期，孔子提出“必也使无讼乎”，反映了他对诉讼的态度。秦汉时期，在县以下的基层设有“三老”，掌管道德教化，调处民间纠纷。汉朝之后，纠纷一般先由家族调处，或由乡一级的长老、里正等专门负责民事纠纷调解的官员进行调解。如果当事人没有进行调解程序而直接进行诉讼的，则是“越诉”，会受到相应的处罚。[1] 可见，在传统社会中，调解逐渐成为政府和民众在遇到一般的矛盾纠纷或民事纠纷时首先选择的处理方式。

---

① 侯元贞、廖永安：《论我国人民调解制度的变迁——纠纷解决观、调解组织和调解功能》，《石河子大学学报（哲学社会科学版）》2016 年第 2 期，第 44—50 页。

一、人民调解的组织化与制度化

现代意义上的人民调解产生于20世纪20年代，在当时党领导的工农运动及一些地方建立的局部政权中开始形成。1921年，浙江萧山的衙前村农民协会对会员之间矛盾纠纷的调解办法做了具体规定。1922年，彭湃领导成立了广东最早的农会——“赤山约农会”，农会设立“调解部”专门负责会员之间的矛盾纠纷调解。这一做法被其他地方仿效，全国多地纷纷建立了类似的农会组织并对成员之间的矛盾纠纷展开调解。[①] 1922年，江西的安源路矿工人俱乐部成立“裁判委员会”，专门处理其成员之间的各种纠纷。与传统的民间调解相比，这时的调解制出现了一些新的变化，尤其是调解主体由传统的宗族长老、乡绅士绅，转变为由党领导下的“农民协会”“工人协会”等新型组织的专门机构、部门来负责调解，这在一定程度上可以被视为今天人民调解制度的雏形。[②] 1931年，中华苏维埃共和国成立后，苏区的乡、村苏维埃以及农会也开始对民众之间的民事纠纷进行调解。这也被视为人民调解的一种。[③]

抗日战争时期，人民调解制度在革命根据地得到进一步发展，很多地方的乡村都建立了“人民调解委员会”，专门对民间纠纷展开调解。尤其是陕甘宁边区颁布了《陕甘宁边区民刑事件调解条例》，调解制度逐步在实践中由政府主导的法院调解发展为人民群众更多参与的人民调解。[④] 这为后来人民调解制度的发展积累了宝贵经验。

中华人民共和国成立后，人民调解制度逐渐成为社会主义民主法制建设的重要组成部分。1953年4月，第二届全国司法工作会议提出要在全国逐步建立健全人民调解委员会，将其作为人民司法工作的重要任务之一。

---

① 卢少锋：《人民调解制度（1921—1949）的历史考察及其启示》，《公民与法（法学版）》2009年第8期，第20—23页。

② 侯元贞、廖永安：《论我国人民调解制度的变迁——纠纷解决观、调解组织和调解功能》，《石河子大学学报（哲学社会科学版）》2016年第2期，第44—50页。

③ ［日］高见泽磨：《现代中国的纠纷与法》，何勤华等译，法律出版社，2003，第22页。

④ 侯欣一：《从司法为民到人民司法》，北京：中国政法大学出版社，2007，第274—279页。

1954 年 3 月，政务院颁布实行《人民调解委员会暂行组织通则》，指出“调解委员会是群众性的调解组织”，其目的是“解决民间纠纷”“加强爱国守法教育”“增进人民内部团结”。这是中华人民共和国成立后的第一部关于人民调解的法律规定，有效推进了人民调解工作的规范化、制度化建设。之后，全国范围内绝大部分的街道、乡村均建立了调解委员会，对化解民间纠纷、促进社会主义改造和经济建设起到了重要作用。之后，随着社会形势的发展，人民调解组织与人民调解工作的发展出现了一定的偏差，这一直持续到 20 世纪 70 年代后期。

二、人民调解的规范化与专业化

改革开放之后，人民调解工作逐步恢复和发展。1981 年 11 月，司法部发布《司法助理员工作暂行规定》，明确规定“管理人民调解委员会工作”“指导检查民间调解工作”是司法助理员的工作职责之一。在 1982 年的国务院机构改革中，司法部设立了人民调解司，各省、自治区、直辖市的司法行政机关也相应设置了专门管理人民调解工作的职能部门。1982 年 3 月，《中华人民共和国民事诉讼法（试行）》颁布，规定人民调解委员会是“调解民间纠纷的群众性组织”，应按照“自愿原则”，通过“说服教育”的方式开展调解工作。同年 12 月颁布实施的《中华人民共和国宪法》指出：居民委员会、村民委员会要设立“人民调解委员”，这进一步提高了人民调解委员会的法律地位，推动了人民调解工作的快速发展。1989 年 6 月，国务院颁布《人民调解委员会组织条例》，对人民调解委员会的性质、构成、调解程序等做了进一步的规范，为人民调解工作的发展提供了制度保障。20 世纪 90 年代，随着社会主义法制建设的推进，人们的诉讼观念逐渐增强，在面对矛盾纠纷和利益冲突时更多选择司法诉讼的途径，加之人民调解自身的缺陷，使得人民调解的发展有所式微乃至陷入停滞状态。

2002 年 9 月，最高人民法院出台《最高人民法院关于审理涉及人民调解协议的民事案件的若干规定》，对人民调解协议的法律效力进行了确认：经人民调解委员会调解达成的、双方当事人签字同意的调解协议，

“具有民事合同性质”。同月，司法部发布《人民调解工作若干规定》，对民间纠纷的受理范围、调解程序和协议履行等做了详细的规定。2007 年 8 月，最高人民法院、司法部联合下发《关于进一步加强新形势下人民调解工作的意见》，提出要“加强人民调解与诉讼程序的衔接配合”，这在 2009 年 7 月发布的《最高人民法院关于建立健全诉讼与非诉讼相衔接的矛盾纠纷解决机制的若干意见》中进一步得到细化。2011 年 1 月，《人民调解法》正式颁布实施，这为人民调解工作的开展提供了坚定的法律制度支撑。同年 3 月，《最高人民法院关于人民调解协议司法确认程序的若干规定》出台，对人民调解协议司法确认问题进行了具体规定。2013 年 1 月开始实施的新修正的《中华人民共和国民事诉讼法》也明确规定了“申请司法确认调解协议”的内容，进一步强化了人民调解协议的法律效力。

近年来，随着经济社会的快速发展，基层治理中面临的矛盾纠纷更加多元化、复杂化。除了传统的家庭、婚姻、邻里等矛盾纠纷之外，更多如医疗、交通、劳动、金融、投资等方面的矛盾纠纷不断涌现，其所产生的社会影响也不断扩大。而且，即便是面临传统的家庭、婚姻、邻里等纠纷，人民调解员所需要的专业性、知识性、技能性越来越强，以往“老娘舅”的形式和方法逐渐不太能符合需求，更不用说满足更多新的矛盾纠纷化解对专业性的要求了。这使得人民调解走上了更加规范化、专业化、职业化、社会化的发展道路。[①]

上海人民调解组织的发展经历了一个显著的转变，原来负责人民调解工作的主要是居民委员会和村民委员会下设的人民调解委员会，近年来则增加了更多设置在街镇层面的人民调解工作室以及区层面的专业化人民调解组织。从整体上看，这一转变可以被看作政府逐渐吸纳社会、市场力量参与人民调解工作的过程。1995 年 6 月，作为社会主义市场经济条件下处置民间矛盾纠纷的一种探索和尝试，全国首家专司社会矛盾纠纷调处的专业机构——浦东新区社会矛盾调解中心诞生。1996 年 1 月，上海市人民调

① 熊易寒：《人民调解的社会化与再组织——对上海市杨伯寿工作室的个案分析》，《社会》2006 年第 6 期，第 95—116 页。

解协会成立。人民调解协会采取司法行政机关宏观管理与协会行业管理相结合的管理体制，充分发挥企事业人民调解组织的作用。为了进一步调动社会各方力量，2001 年上海在全国首创了“首席人民调解员”制度，由人民调解组织通过规范的程序，在社区内选聘具有较好法律知识和较高威望的调解员担任首席人民调解员，参与社区人民调解工作。2003 年，上海建立了全国第一家人民调解工作室——上海李琴人民调解工作室。上海人民调解的组织形式至此发生重要变化，即人民调解工作室作为一种新的组织形式开始参与人民调解工作。在 2006 年的上海市人民调解协会会员代表大会上，新一届协会的常务理事、理事均从专业人民调解员代表中选举产生，司法行政干部全面退出人民调解行业组织，改变了以往调解组织和调解协会完全依附于行政机关的状况，促进了人民调解的专业化、社会化发展。

第二节　人民调解组织参与矛盾纠纷化解的整体架构

随着人民调解事业的快速发展，人民调解组织和人民调解员的规模都有了显著增加。2018 年 5 月，在浙江温州召开的全国人民调解工作会议指出，全国共有人民调解委员会 76.7 万个，人民调解员 366.9 万人，专职人民调解员 49.7 万人，每年调解各类纠纷 900 万件左右，调解成功率高达 96%。而且，行业性、专业性人民调解组织有 4.3 万个，年调处矛盾纠纷达 142 万件。其中，医疗、道路交通、劳动争议纠纷的占比最高，2017 年通过人民调解方式化解此三类纠纷的数量分别达 6 万件、70 万件和 30 万件。[①] 可见，人民调解组织在当前的基层矛盾纠纷化解中发挥了显著作用。

总体而言，经过多年发展，当前浦东新区社会组织参与矛盾纠纷化解工作的整体格局是：枢纽型调解组织—专业化调解组织—基层调解组织。

---

① 陈东升、王春：《人民调解厉兵秣马再出发——全国人民调解工作会议代表热议新时代新作为新贡献》，《法制日报》2018 年 5 月 11 日第 2 版。

其中，枢纽型调解组织即区层面的人民调解协会（简称“协会”）；专业化调解组织主要是区层面的专业人民调解中心（简称“专调中心”），以及各个行业性、专业性人民调解委员会（简称“专行业人民调解委员会”或“专行业调委会”）；基层调解组织主要是居委会、村委会下设的人民调解委员会（简称“居村人民调解委员会”或“居村调委会”）及乡镇、街道层面设立的人民调解委员会（简称“街镇人民调解委员会”或“街镇调委会”），包括街镇层面成立的民非调解工作室。这三者共同形成了人民调解组织参与矛盾纠纷化解的三重架构和整体合力。从组织性质上看，这些社会组织主要表现为三种属性：第一类是社会团体，如人民调解协会。第二类是社会服务机构，如专调中心、人民调解工作室。这两类调解组织均是具有独立法人资格的非营利性社会组织。第三类是群众性组织，不隶属于任何政府部门，不具有独立法人资格，如行业性、专业性人民调解委员会，以及各居村人民调解委员会。他们也承担了矛盾纠纷化解的部分职能，但还不是真正意义上的社会组织。从治理结构上看，这些调解组织在人力资源、财务状况和组织管理等方面，呈现为两种结构：第一种是建立在独立法人资格基础上的法人治理结构，第二种是基于群众性组织的性质形成的非法人治理结构。

一、枢纽型调解组织

枢纽型调解组织主要是人民调解协会。协会的主要任务在于从区层面统筹推进区域层面的人民调解事业发展。相关资料显示，浦东新区人民调解协会是由该区热心人民调解工作的社会人士和单位自愿组成的从事人民调解工作的社会组织，是经区社会团体登记管理机关核准登记的社会团体法人，目前主要由居村调委会、企事业调委会、专行业调委会等区域范围内的 900 多个会员单位构成。浦东新区人民调解协会成立于 1994 年 8 月，这正是浦东新区大开发、大发展的重要时期，也是矛盾纠纷多发、频发的时期，协会成立的首要目的就在于依法、及时、合理地化解各类矛盾纠纷，促进社会稳定与社会和谐。同时，协会致力于发展人民调解事业，团结有利于推进人民调解工作的各种力量，完善人民调解工作网络，拓展人民调解领域，提高人民调解绩效，以保障该区改革开放和经济建设的顺利进行。人民调解协会在整个调解体系中处于承上启下的引领位置，对人民调解事业的整体发展至关重要。

从组织性质上看，人民调解协会属于社会团体。《社会团体等级管理条例》规定：社会团体是指中国公民自愿组成，为实现会员共同意愿，按照其章程开展活动的非营利性社会组织。浦东新区人民调解协会是经区社会团体登记管理机关核准登记的社会团体法人，接受区司法局、区社团管理处的双重指导和管理。协会主要是围绕区委、区政府中心工作，以“三不”工作（一般矛盾不出居村，疑难矛盾不出街镇，矛盾不上交）为主线，在区层面指导和服务基层调解组织；指导街镇、企事业单位和行业组织调委会及时化解各类矛盾纠纷，发挥基层调解组织排查调处矛盾纠纷的能力；拓展专业纠纷化解领域，培育社会组织参与矛盾纠纷化解，形成政府与社会的协同互动；加强基层人民调解工作的基础、体系、平台和规范化建设；健全矛盾纠纷排查化解机制，参与调处各类群体性矛盾纠纷，营造和谐稳定的社会环境；组织开展各项培训任务，提高人民调解员工作水平和调解工作能力；以工作绩效为依据，组织调解员等级评定工作；展开对外交流和社会宣传，加强协会能力建设和组织建设等。

从治理结构上看，人民调解协会实行的是法人治理结构。法人治理结构是现代社会组织中最重要的组织架构，具体涉及组织利益相关者如法人、会员、理事、监事等之间的权利、义务关系。法人治理结构在社会组织权力机构、决策机构、监督机构、执行机构间形成权责明确、相互制约、运转协调和决策科学的统一机制，旨在规范社会组织内部组织机构设置以及组织机构的运行，使社会组织在促进经济发展、参与社会治理、提供公共服务中发挥积极作用。作为社会团体的人民调解协会，其组织机构的构成符合法人组织规定。从人员架构上看，人民调解协会主要由会长、副会长和秘书长组成，并配有兼职财务、专职出纳人员。从组织架构上看，协会由会员代表大会、理事会、常务理事会、理事长、秘书处、会长等组成。协会的会员主要包括企事业单位人民调解委员会，行业性、专业性人民调解委员会，街镇人民调解委员会和居村人民调解委员会。浦东新区人民调解协会成立之初会员主要是单位会员，2010 年后单位会员转变为个人会员。协会的经费主要来源于会员缴纳的会费、政府购买服务经费、政府补助和社会捐赠等。但总体来看，协会的主要收入来源是会员会费，政府补助和社会捐赠较少。

同时，在区层面还有联合人民调解委员会和司法调解指导中心两个组织，但其职能不尽相同。联合人民调解委员会主要处理人民法院委托的民事纠纷案件调解，培训人民调解员，或对人民调解事业的发展提供业务咨询。司法调解指导中心则主要协调处理区政府、领导交办的矛盾纠纷，调解或指导调解辖区各街镇请求帮忙调解的重大疑难矛盾纠纷。它们和人民调解协会一起，共同构成区层面的人民调解工作的组织、指导、协调和监督机构，统筹推进全区人民调解事业的发展。

二、专业化调解组织

专业化调解组织主要是指专调中心和专行业调委会。随着社会转型加速，经济社会改革进入深水区，浦东新区基层治理中遭遇的矛盾纠纷（如医疗、交通、劳动争议、金融、贸易、知识产权等方面的矛盾纠纷）表现出更多的专业性、复杂性。而传统的人民调解组织在组织结构、调解专业性与规范性、社会认可度等方面均存在一定的不足，这就需要对人民调解进行体制机制的创新，以更好地适应时代的需要。因此，浦东新区于 2015 年 12 月成立了全国第一家集成式专业调解平台——浦东新区专业人民调解中心（后改称“东方调解中心”）。作为专业化调解平台，该中心强调调解流程的规范化和权威性，对调解全过程进行规范化操作和电子化记录；招聘法学、医学、经济等领域的专业人才组成专职人民调解员队伍，建立了针对人民调解员的分类分级培训、绩效考核和职业晋升等制度体系；以专调中心为枢纽，将人民调解、行政调解、司法调解、专行业调解有机结合起来，形成互联互通的矛盾纠纷多元化解对接机制。更重要的是，专调中心已经成为孵化其他专业调解组织的平台。在专调中心发展过程中，医患纠纷人民调解委员会（简称“医调委”）、物业管理纠纷人民调解委员会（简称“物调委”）、道路交通事故民事损害赔偿纠纷人民调解委员会（简称“交调委”）、上海国际旅游度假区人民调解委员会（简称“迪调委”）、工商联民商事纠纷人民调解委员会先后成立并进驻中心。

从组织性质上看，专调中心属于社会服务机构。2016 年 5 月出台的《社会服务机构登记管理条例》将民办非企业单位更名为社会服务机构，并规定：社会服务机构是指自然人、法人或者其他组织为了提供社会服务，主要利用非国有资产设立的非营利性法人。浦东新区专调中心是全国最早成立的区级专业化矛盾纠纷调处平台，致力于整合全区专业调解资源，推动区级行业性、专业性人民调解组织建设，培育具有较高专业素质、独立第三方地位、依法规范运作的专业人民调解组织。它以独立法人身份对社会上高发频发的专业性矛盾纠纷开展调解工作。

从治理结构上看，专调中心实行的也是法人治理结构。其组织结构完善，人员调配、经费使用等方面也具有较大的自主权。其拥有法律、医学、物业管理和道路、保险等 8 个专业背景的 60 多名全职人民调解员，并且还在继续招聘更多专职人员。从经费来源及人员管理上看，区司法局对常驻专调中心的调委会，采取政府购买服务形式予以经费保障。专调中心根据工作表现将调解员分为 12 个职级，涉及助理、初级、中级、高级 4 个等级，并根据工作年限分为 13 档，职级、档级与薪酬直接挂钩，并对下辖的人民调解员进行单独管理和考评，实现了调解员队伍的职业化管理。

三、基层调解组织

基层调解组织主要是指街镇、居村的人民调解委员会。居村调委会一般没有专业的人民调解员，更多的是由居委会（村委会）的书记、主任或其他工作人员兼任人民调解员。而且，他们往往要身兼数职，人民调解只是其工作职责之一。应该说，基层矛盾纠纷百分之八九十能在居村得到有效化解，而且主要是传统的家庭纠纷、邻里纠纷等，但相对复杂的矛盾纠纷则在居村难以得到有效化解，往往需要街镇人民调解委员会介入和调动相关资料进行化解。近年来，浦东新区人民调解一直沿着专业化、职业化和社会化的发展方向前进，以适应社会发展的需要。其主要做法之一就是培育人民调解工作室，采用政府购买服务、项目化运作的方式，充分调动社会各方力量参与人民调解。人民调解工作室也是街镇调委会开展具体调解工作的主要依托力量。据浦东新区司法局网站显示，到2018年年底，浦东新区共有街镇调委会38个，且都成立了人民调解工作室，居委调委会722个，村调委会396个。

从组织性质上看，街镇、居村调委会属于群众性组织。《人民调解法》规定：人民调解委员会是依法设立的调解民间纠纷的群众性组织。村民委员会、居民委员会设立人民调解委员会，企业事业单位根据需要设立人民调解委员会。它们不具有独立法人资格，是人民调解体系的最基层力量。人民调解工作室作为享有独立法人资格的第三方力量，专司街镇层面重大、疑难、复杂和跨地区、跨单位民间矛盾纠纷的化解。一方面，人民调解工作室使政府的行政管理目标通过其协调更易于被群众接受，扩大了自身的治理资源；另一方面，这些组织通过自下而上的利益表达和民意传送，又对政府的政策和决策起到影响，发挥了联系政府与社会的桥梁作用。人民调解工作室接受所在街镇司法所和人民调解委员会的指导，是基层调解工作的重要力量。在实践过程中，各人民调解工作室涌现出一批重量级的调解领军人物，其中有7位还获评首届浦东新区“十佳人民调解员”称号。典型的引领能够不断提升人民调解员队伍的建设水平，补齐矛盾纠纷化解短板，推动人民调解多元化发展。

从治理结构上看，基层调解组织更多的是非法人治理结构。与法人治理结构相对，非法人治理结构是指社会组织的内部各主体之间没有形成相对清晰的权力、决策、执行、监督体系，尤其是尚未形成权责明确、相互制约、运转协调和决策科学的组织机制。浦东新区的居村人民调解委员会以及专行业人民调解委员会，在参与人民调解的过程中，更多依靠的是传统行政化的治理结构。因为该类组织的性质并非独立法人，没有独立的组织体系、人事制度、经费保障等，多是采取类似事业单位的组织及管理模式，从而形成了非法人治理结构。同时，人民调解工作室虽然是具有独立法人资格的社会服务机构，但其在组织管理、人员构成、经费使用等方面和街镇政府之间存在千丝万缕的联系，尽管不同人民调解工作室在财务、用人等方面做法不同，但总体上仍然属于非法人治理结构。

第三节 人民调解的程序与规范

程序是按时间先后依次安排的工作步骤。人民调解的工作程序是调解主体从调解民间纠纷的客观实践中总结出来的带有规律性而又普遍适用的工作步骤和方法。《人民调解法》第二十二条规定：人民调解员根据纠纷的不同情况，可以采取多种方式调解民间纠纷。在浦东新区司法行政部门的指导下，各级人民调解组织经过长期探索和实践，已经形成了一套相对固定的工作程序，包括受理纠纷、调查与核实纠纷、初步拟订调解方案、实施正式调解、回访等步骤。[①] 人民调解员在化解纠纷的过程中也会根据不同纠纷的特点、性质、发展状况和难易程度等采取不同的调解方法。

一、人民调解的整体流程

从整体上看，人民调解工作流程主要包括如下内容。

第一，矛盾纠纷受理。《人民调解法》规定人民调解的调解对象和受理范围是民间纠纷。司法部 2002 年制定的《人民调解工作若干规定》第二十条对“民间纠纷”的范畴做出了规定：发生在公民与公民之间、公民与法人和其他社会组织之间涉及民事权利义务争议的各种纠纷。在人民调解的实践过程中，调解纠纷的范围并不是一成不变的，上一节论述的法院的民事委托、派出所的治安委托和检察院的轻伤害案件委托等也被纳入了人民调解的受理范围。大体上来看，浦东新区人民调解受理的纠纷事项主要包括：(1) 家庭关系纠纷，包括婚姻问题、子女抚养、老人赡养、财产继承等；(2) 邻里关系纠纷，包括通行、停车、采光、排水等；(3) 物权纠纷，包括土地权、经营权、房屋产权、房屋租赁等；(4) 侵权责任纠纷，包括人身权、名誉权等；(5) 劳动、人事争议纠纷；(6) 知识产权

---

① 根据浦东新区各人民调解工作室、调解中心调查资料整理而来。

与不当竞争纠纷；（7）合同、无因管理、不当得利纠纷；（8）经济纠纷，包括公司、证券、保险、票据纠纷，借贷和欠款纠纷等。

人民调解组织受理纠纷时一般采取以下三种方式：一是申请受理，即纠纷发生后，当事人一方或双方向人民调解组织提出书面申请或口头申请。一般情况下，由于纠纷发生后双方当事人存在情绪对立，很少有共同申请调解的，通常由一方当事人提出申请，经另一方当事人同意，且该纠纷属于人民调解受理范围的，调解组织会及时受理纠纷。二是主动受理，人民调解组织和调解员在没有收到当事人申请的情况下，可以对群众反映的、有关部门（单位）和领导交办的、纠纷信息员报告的，以及在日常纠纷排查工作中发现的，且属于人民调解受理范围的矛盾纠纷进行调解。同样，主动受理纠纷也需要经过纠纷当事人同意。而且，由于社会组织具有较强的工作灵活性，调解员主动介入纠纷是人民调解组织区别于其他纠纷解决机制的一大优势。三是移交受理，对于当事人提交到当地有关部门、公安机关、人民法院的矛盾纠纷，受理纠纷的当地有关部门、公安机关、人民法院认为该纠纷更适宜通过人民调解方式解决的，在征得当事人同意后，会移交给当地的调解组织尤其是人民调解工作室进行调解。

第二，矛盾纠纷调查与核实。人民调解组织受理纠纷之初，要对纠纷当事人以及纠纷的基本情况进行调查与核实。核实纠纷首先包括接待申请纠纷调解的当事人，了解有关调解意向和纠纷的基本情况。调解员要制作接待笔录，主要包括接待人、接待的纠纷当事人姓名、纠纷的事由、纠纷概况、当事人的要求等。其次是审查，即审查当事人所申请的纠纷调解是否属于工作室人民调解的受理范围。对于当事人提出的纠纷调解申请，经调解组织审查后，无论受理或不受理，都要填写纠纷登记表。对于涉及面广、跨辖区的疑难纠纷，需要做好登记并移送有关部门处理。最后是核实纠纷。为弄清事实，厘清纠纷症结所在，达成公平、公正的调解结果，人民调解组织需要在受理纠纷后对纠纷的真实性进行调查和核实。采取的具体方法有：向双方当事人询问纠纷的有关情况，如纠纷产生的原因、发展的过程、目前所处的状况、双方争议的焦点等；或向有关方面如当事人的邻居、同事、亲朋好友等求证，询问情况必要时可对当事人保密。

第三，拟订初步调解方案。在受理纠纷后，调解组织需要利用纠纷涉及相关法规、政策等知识理清调解思路，拟订初步的调解方案。由于人民调解组织扎根于街镇和社区，其受理的纠纷大多是社区居民间比较常见的、琐碎的、简单的民事纠纷，涉及的利益争议和赔偿数额不大。而且，凭借多年纠纷调解的工作经验，调解员对于最终要达成的调解目标基本能够做到心中有底；对于一些简单的纠纷往往不需要调解方案，并且有一些纠纷能够被当场化解。而对于那些复杂的疑难纠纷，调解员往往会在调解之前拟订调解方案，必要时还会制订多套调解方案。调解方案的内容主要包括纠纷的基本概况，矛盾焦点，调解拟要达到的目的，调解可能涉及的相关法律法规、政策条款等，调解过程中可能出现的问题及对策，以及调解可能需要的资源、有关部门的配合等。在实际操作过程中，调解工作并不是完全按照调解方案严格推进的，而是根据实际情况，灵活有效地把握调解进程，随时调整计划。

第四，实施正式调解。《人民调解法》第二十二条规定：人民调解员根据纠纷的不同情况，可以采取多种方式调解民间纠纷，充分听取当事人的陈述，讲解有关法律法规和国家政策，耐心疏导，在当事人平等协商、互谅互让的基础上提出纠纷解决方案，帮助当事人自愿达成调解协议。

第五，人民调解员回访。人民调解组织在主持完成调解后，调解员通常会针对容易反复发生和履行内容比较复杂的疑难纠纷事件，适时对当事人进行回访。《人民调解工作若干规定》第三十六条第二款规定，当事人应自觉履行协议。人民调解委员会应当对调解协议的履行情况适时进行回访，并就履行情况做出记录。进行回访的目的主要有：针对事后履行协议的情况进行回访，掌握协议履行情况，巩固调解的成果；听取当事人的意见，改善调解工作中存在的不足。因此，回访制度不但有利于督促当事人履行调解协议，巩固调解成果，还有利于调解员联系群众，听取群众意见，并总结经验教训，改进调解工作。

上述矛盾纠纷的调解程序，是在浦东新区人民调解工作室进行调研访谈的基础上进行概括和总结所得出的。在具体的实践中，这些程序会存在一定程度的相互交叉、相互联系和相互渗透，人民调解员也会根据纠纷的实际情况进行适当的调整，灵活把握纠纷调解的时机，适时果断地化解矛盾纠纷。

二、人民调解的具体步骤

人民调解组织在正式介入纠纷调解后，通常会按照以下具体程序进行调解，这也是人民调解工作中需要注意的调解规范。[①]

第一，建立信任关系。建立信任关系是进入调解期后的第一要务，也是促成调解最终达成的关键。建立信任关系包括两方面的内容：一方面是调解员与当事人之间的信任关系。调解员一般会通过向双方当事人介绍自己的专业调解员身份，阐明自己中立的第三方调解立场，向当事人说明调解的原则，如平等、自愿、保密原则等，取得当事人的信任。另一方面是要在发生纠纷的双方主体之间建立信任关系。调解员通过制止当事人之间相互指责的行为、控制双方的对立和不满情绪，阻止纠纷进一步恶化，控制调解节奏，把注意力引到纠纷事件本身上去，在双方当事人之间建立起信任关系和纠纷解决的信心。

第二，确定调解方式。在对纠纷进行调解时，调解员会根据纠纷的复杂程度、当事人的情绪激烈程度等确定具体的调解方式。对于简单纠纷，调解员会通过面对面调解的方式直接到纠纷现场进行调解，调解也容易达到理想中的目标，满足双方当事人的需要，使双方当事人达成和解。对于比较复杂的纠纷，尤其是双方当事人对纠纷的认知分歧较大，情绪对抗激烈，面对面调解容易引起肢体冲突，进一步激化矛盾争议，甚至会造成群体性冲突等情况，为了安抚当事人情绪，调解员往往采取背靠背调解的方式，即不让当事人进行直接的面对面沟通，而是由人民调解员分别对双方当事人进行安抚、说服、教育，听取双方当事人的陈述，引导当事人讲清事实真相，表达各自对纠纷责任的看法和想要达到的目标，逐渐缩小双方分歧，待时机成熟后再进行面对面调解。

① 根据浦东新区各人民调解工作室、调解中心调查资料整理而来。

第三，厘清责任。在调解过程中，调解员要依据纠纷涉及的有关法律、法规、规章、政策等，对当事人进行耐心细致的说服、教育和疏导，帮助他们提高认识，消除对立情绪，运用法律知识厘清是非和双方当事人的责任。通常来看，当事人往往没有完备的法律知识，对于自己在纠纷中所应负的责任也存在认识偏差。专调中心、人民调解工作室的调解员不仅具有丰富的调解经验，而且他们之中有许多人是司法部门、法院的退休人员，具有专业的法律知识背景，可以快速地帮助当事人厘清责任。

第四，明确调解目标。在通过初步的调解阶段之后，调解员已经基本能够还原事情真相，对问题的理解、分析以及矛盾的焦点有了相对清晰的认识，厘清了双方当事人在纠纷中的责任归属问题，为调解的达成创造了良好的条件。接下来，调解员会进一步明确双方想要争取的利益，明确调解目标。调解员会采取如下方法确定调解目标：寻找双方利益共同点，对于一些婚姻家庭纠纷、邻里纠纷等，当事人之间所具有的利益共通性在纠纷解决过程中往往是突破口；让双方当事人换位思考，尤其是针对一方当事人希望获得较大的金额赔偿时，采取换位思考、相互理解的方法，更容易达成相对一致的调解目标。

第五，达成协议。如果双方当事人能够达成一致的意见，调解成功，应当制定书面的调解协议。调解说到底是促成双方当事人的互相让步，在调解的最后阶段，调解员在双方当事人相互退让的过程中，找到双方利益的契合点，形成一个公平、合理的标准，并用书面形式将调解成果固定下来，最终签订调解协议。调解协议书的具体内容一般包括下列事项：当事人的基本情况；纠纷的主要事实、争议事项以及各方当事人的责任；当事人达成协议的内容，履行的方式、期限等。简单的纠纷也可以使用口头协议。如果调解失败，调解员会引导当事人寻找或向他们推荐其他的纠纷解决途径。

第六，司法确认。人民调解工作室进行的人民调解以及签订的调解协议是在法院诉讼之外完成的，为了巩固调解成果，保证调解协议的法律效力和协议的履行，当事人可以就调解协议的协议内容、法律效力等向法院申请进行司法确认。理论研究和实践经验表明，调解协议缺乏法律强制力是诉讼外调解功能弱化的关键原因，也是制约调解制度发展的瓶颈。[①]《人民调解法》第三十三条规定：经人民调解委员会调解达成调解协议后，双方当事人认为有必要的，可以自调解协议生效之日起三十日内共同向人民法院申请司法确认，人民法院应当及时对调解协议进行审查，依法确认调解协议的效力。可见，诉外调解协议的司法确认制度已经在我国建立起来。在人民法院依法确认调解协议有效的情况下，一方当事人如果拒绝履行或者未全部履行的，对方当事人可以向人民法院申请强制执行。

第七，履行协议。经人民调解组织的调解，达成调解协议后，当事人应按照协议内容履行协议。调查发现，浦东新区人民调解工作室在调解协议的履行方式上存在两种情况。一是当场履行，即达成协议的双方当事人在签订协议后当场履行协议内容，数额不大的现金赔偿适合当场履行协议。二是事后履行，即双方当事人在达成协议后，有的协议内容不适合当场履行，或者当事人没有当场履行协议的能力，则可以在一定的期限内履行协议内容。

第四节　人民调解组织在风险治理中的功能

在今天，人民调解制度已经逐渐发展成为我国基层矛盾纠纷化解中最重要的非诉讼机制之一。但它除了具有化解矛盾纠纷的社会功能外，也是进行道德教化、推进基层政权建设和社会治理的重要制度。

一、化解基层矛盾纠纷

第一，提供法律服务，预防矛盾发生。随着社会发展的进步，人民的法律意识也在不断增强，基层管理中的多数矛盾纠纷为法律问题。人民调解促进民众对新法律规范的内化，促进实体法具体化和法律制度的改进以及普及与宣传政策法令。[②] 在浦东新区基层社会管理中，人民调解的重要作

---

① 张卫平：《人民调解：完善与发展的路径》，《法学》2002 年第 12 期，第 48—50 页。
② 李婷婷：《社会治理视域下的人民调解》，人民出版社，2014，第 44—45 页。

用之一就是进行法律宣传，提供法律服务，将矛盾纠纷化解在萌芽状态。

浦东新区部分街镇曾被纳入上海环境综合整治重点地块之一。环境综合整治特别是拆违工作不可避免会触动相关方的利益，因此该项工作压力大、风险高、难度强。为了减少矛盾纠纷的发生，减少整治工作中的法律风险，辖区内的人民调解工作室发挥了重要作用。工作室的人民调解员均具有一定的法律知识背景，且在每周固定时间有法官和律师开展志愿服务活动。在环境综合整治中，居（村）民为实现个人利益最大化，容易发生房屋资产纠纷和婚姻纠纷。因此调解工作室主要开展法律咨询、法律宣传活动，为居（村）民提供法律指引，促进了拆违工作的顺利开展。同时，在矛盾纠纷化解中，工作室的律师也会参与其中；引导律师作为第三方参与矛盾化解工作，更好地发挥律师在矛盾纠纷化解中专业、中立的优势。[①] 此外，调解工作室在开展调解服务过程中，如果发现群体性矛盾纠纷的倾向，工作室会积极主动与有关主管领导进行沟通，预防矛盾纠纷的进一步恶化。

在物业管理行业中，业主、物业使用人和物业管理公司之间时常产生矛盾纠纷，这不仅影响到居民的基本生活，也容易影响基层社会的和谐稳定。针对这一现象，人民调解发挥了较为显著的积极作用。专业人民调解中心物调委积极向来访居民进行普法宣传，引导居民增强法律意识，采取合法的维权途径，促进矛盾纠纷的有效解决。部分街镇创新性地开创了律师顾问制度，购买第三方法律服务。人民调解员在处理复杂疑难纠纷时可以事先咨询专业律师，由律师提供专业的指导意见。同时，该镇人民调解员在调处矛盾的过程中还可以邀请律师参与，使调解双方当事人更加信服，这有助于调解工作的顺利开展。由此可见，人民调解在法律宣传与服务等方面发挥了重要作用，同时也可以看出人民调解制度是中国司法制度的重要组成部分，发挥着司法补充功能。

第二，搭建沟通桥梁，安抚民众情绪。调解是在第三方协助下进行的

---

① 聂影、辛忠波：《社会力量参与矛盾纠纷化解工作的路径选择与发展思考——以上海市浦东新区人民调解工作社会化实践为视点》，《人民调解》2018 年第 8 期，第 32—36 页。

当事人自主协商性的纠纷解决活动。[①] 调解人在整个过程中发挥着沟通、引导、劝解的重要作用。[②] 人民调解正是以第三方的身份参与矛盾纠纷化解工作，为矛盾双方提供沟通的平台和渠道，预防矛盾纠纷的激化。无论是在重大工程、重要项目以及重点整治中，还是在物业管理纠纷和金融纠纷中，人民调解都能成为重要的沟通平台。

浦东新区部分地铁在早期的施工中造成了沿线部分居民、村民房屋的损坏。自试运营以来，列车运行产生的振动使原本受损房屋的受损情况进一步加重，噪声严重影响了居民、村民的正常生活，导致部分居民、村民开始集中上访。该工作归属于地铁项目公司，在居民、村民眼中则代表着政府部门。在矛盾纠纷爆发期，居民、村民利益受损，情绪激动，与政府处于对立状态，对社会稳定与和谐造成一定影响。当地镇政府针对此矛盾纠纷，指定司法所、信访办以及调解主任为专门调解员，督促镇人民调解委员会组织开展矛盾纠纷化解工作。调委会充分发挥人民调解的优势，起到了搭建沟通桥梁的作用：一方面定期、不定期地主动与居民、村民进行沟通，安抚他们的情绪；另一方面与新区轨道交通指挥部以及地铁项目公司积极沟通，反馈居民、村民的诉求，寻求解决方案，最后以人民调解协议书的形式签订了项目公司和居民、村民间的补偿协议。可见，在居民、村民和项目公司之间，人民调解委员会一方面积极安抚居民、村民情绪，及时化解了社会风险；另一方面作为沟通桥梁，及时传达矛盾双方当事人的利益诉求，制止了矛盾纠纷的激化，促进矛盾的和平解决。

这表明，人民调解具有显著的制度优势，它作为国家与个体、集体与个体以及个体与个体之间的重要桥梁，以柔性的方式及时缓解和化解了矛盾纠纷与社会冲突。

第三，整合资源，第一时间将矛盾纠纷化解在基层。作为一种纠纷解决机制，人民调解制度从最初的实践开始，在整个制度的发展过程中，始终把纠纷化解当作其最为基本的功能指向。实质上，人民调解组织作为一

① 范愉：《非诉讼解决机制研究》，中国人民大学出版社，2000，第 176 页。

② 李浩：《调解的比较优势与法院调解制度的改革》，《南京师大学报（社会科学版）》2002 年第 4 期，第 19—27 页。

种群众性组织能够灵活整合相关资源，及时、快速化解矛盾纠纷，发挥了维护社会稳定、促进社会和谐的功能。

浦东新区部分街道辖区内社区多数为20世纪70年代到80年代的老旧住房，房屋老化、结构陈旧，给居民生活带来诸多不便，如果物业服务不及时、不到位，由此产生的邻里纠纷也就不断。周街道一居民区于2017年临近春节时，因住房管道老化，发生房屋漏水情况。业主报物业公司后，一维修工前来修理，但因时值冬季，管道老化一碰即碎，最终造成管道破裂，渗水现象波及整栋楼层，破坏室内装修，造成严重损失。多位业主集体对物业服务表达不满，双方矛盾激化。最后周街道“老娘舅调解工作室”经摸底、走访和排查，将矛盾化解在街道层面，从而阻止了矛盾的进一步发展与演变，有效维护了社区的稳定与和谐。

人民调解在组织形式上是独立于国家和市场的具有公益性质的第三方自治组织，在调解程序上操作简便，在当事人自愿的原则上，调解员可以采用简便的、灵活多样的方式进行调解，在调解过程中根据案件的具体情况进行灵活处理。因此，人民调解能够充分发挥社会组织整合资源、贴近民众、运作灵活等优势，将矛盾纠纷第一时间化解在基层。

二、推进社会治理创新

第一，推动社区治理，激发社会活力。社会自我消解纠纷的能力问题，说到底是社会自治力即社会自组织的程度的问题。① 人民调解作为一种群众自治性解决纠纷的制度，属于社会自治的范畴。② 各级人民调解组织通过有效整合社会资源，及时化解社会矛盾，能更好地推动社区治理、激发社会活力。

浦东新区专业人民调解中心是一个集约式和一站式的调解组织。其物调委致力于推动辖区内物业矛盾纠纷的化解，主要通过提前介入业委会的日常工作，参与业主大会成立、业委会换届改选、物业公司解聘和选聘等

---

① 吴英姿：《“大调解”的功能及限度：纠纷解决的制度供给与社会自治》，《中外法学》2008年第2期，第309—319页。

② 韩波：《人民调解：后诉讼时代的回归》，《法学》2002年第12期，第45—48页。

工作。人民调解通过这种工作方式，极大地推动了社区的自治建设，提升了社区居民的自治能力。此外，物调委也对居委会、业委会有关工作人员就住宅小区综合管理中常用法律法规等问题进行业务培训，提升了居委管理专业化水平和居民自治能力，推动了社区治理的活力。除专业性调解组织外，各街镇纷纷成立的人民调解委员会以及工作室的主要成员几乎全是离退休的工作人员。这样一批愿意贡献时间和精力不以取得丰厚报酬为目的的调解员自愿参与调解工作，代表了新时代下社会自治力量的提升，是人民调解制度焕发生机的重要表现。

第二，减缓社会矛盾，营造良好的营商环境。在涉金融领域中，矛盾纠纷呈现出专业化的特点，证券类、金融类以及民商事中的矛盾纠纷复杂多样，专业性人民调解在整合优质调解资源的基础上能够有效化解各类涉金融类矛盾，为金融消费者、金融机构以及监管机构带来便利，营造了良好的营商环境。

浦东新区金融业发达，公众维权意识强烈，但与此同时各类金融矛盾纠纷不断。设立金融纠纷的第三方调解组织，将其作为“减压阀”，有助于缓解金融消费者和金融机构之间的紧张关系，营造和谐稳定的金融环境。此外，金融领域人民调解的作用发挥使得监管部门在金融消费纠纷的处理中相对超脱。根据《中华人民共和国消费者权益保护法》的规定，金融消费者有权向监管部门投诉属于其法定职责范围内的金融消费纠纷。人民调解在金融消费纠纷中充分发挥作用有助于监管部门从具体的纠纷调解事务中解脱出来，专注于政策的制定或其他事项以营造良好的营商环境。

浦东新区不断整合调解资源，设立“浦东新区知识产权纠纷人民调解委员会”，作为该区开展知识产权专业领域纠纷人民调解工作的主体，与区专业人民调解中心、区法院诉调中心以及区知识产权公众诉求平台等部门对接。经过整合调整，浦东新区形成了“1+3+2”的调解工作格局，即1家调委会（浦东新区知识产权纠纷人民调解委员会），3家委托机构调解工作室（浦东新区知识产权协会、浦东新区商业联合会、浦东新区计算机协会）、2家特殊行业调解工作室（新国际博览中心展会行业、科技馆地铁商圈小商品行业）。通过体系架构、机构拓展、服务延伸，人民调解真正成为解决知识产权纠纷的重要途径之一，为浦东新区构建行政调解、司法调解和人民调解“三调联动”的知识产权纠纷多元解决机制提供了重要的实践基础，同时也为推进上海科创中心建设提供了重要的基础保障。

作为当下一种主要的非诉讼纠纷解决机制，人民调解制度是在我国传统民间调解的基础上逐渐发展形成的。今天的人民调解已经完全不同于以往的老娘舅式的传统调解，更多呈现出以组织化、制度化、规范化、专业化、社会化为主要特征的现代调解形态。作为我国“改革开放的窗口”和先行先试的“试验田”，浦东新区在经济社会快速转型和剧烈变革的进程中，面临着传统矛盾纠纷与现代矛盾纠纷并存、交错的复杂局面，既要调处家庭、邻里、财产等传统矛盾纠纷，更要应对医疗、交通、劳动争议、金融、知识产权等新型矛盾纠纷。经过多年的发展，当前浦东新区社会组织参与矛盾纠纷化解工作形成了由枢纽型调解组织、专业化调解组织、基层调解组织等组成的整体调解格局。从组织属性上看，这些社会组织主要有社会团体、社会服务机构和群众性组织三类。其治理结构也存在法人治理结构和传统治理结构两种形式。在面对社会不确定性与社会风险时，人民调解组织不仅能直接化解矛盾纠纷，也是进行道德教化、推进基层政权建设和社会治理创新的重要载体。

第五章 “催生”与限定：矛盾纠纷化解中的基层调解组织

从根本上看，以人民调解工作室为代表的社会组织参与矛盾纠纷化解是风险治理社会化的重要体现。这主要源于社会转型中基层矛盾纠纷的多元化和复杂化，其强化了在传统的居村调委会之外寻找更加有效的调解组织和调解资源的需求。本章主要对上海率先在街镇层面成立的人民调解工作室展开研究，阐释在推进社会治理的进程中，基层调解组织发展、变革的历程，进而剖析人民调解专业化、社会化的发展路径。

第一节 传统调解组织弱化与人民调解工作室的兴起

改革开放以来，随着经济体制变革与社会结构转型，“单位人”逐渐转变为“社区人”，社区成为人们日常生活的主要场所。同时，随着利益格局的不断调整，人们的思想观念发生深刻变化，这使得基层矛盾纠纷呈现多样化、复杂化的特征。居委会、村委会作为基层群众自治性组织，无疑是这些矛盾纠纷化解的主要场所和依靠力量。但在多种因素影响下，以居村调委会为代表的基层调解组织出现了一定的弱化趋势，难以满足基层的解纷需求。这成为调解类社会组织产生的重要现实基础。

一、基层矛盾纠纷的社区化

计划经济时代，国家作为政治统筹、经济运转、文化发展、社会福利和社会保障的“掌舵人”，通过单位制这种特殊的结构和组织形式包揽了

“单位人”生活和工作的方方面面，几乎承担了社会发展的所有职能，因而人们更多关注的是单位而不是所在的居委会（村委会）。改革开放以后，单位制解体，“单位人”转变为“社会人”“社区人”，诸如公共管理、公共服务和公共安全等职能都逐渐转移到社区层面，社区重新成为人们生活的共同体，其承担的基层管理、服务社区居民的职责也越来越多。尽管人们对社区的认同感、归属感不一，但不可否认的是人们越来越依靠社区而不是单位解决日常生活中遇到的问题，由此各种类型的社会问题、矛盾纠纷势必也在社区不断聚集、沉淀和呈现。[①] 上海作为一个资源高度集中的特大城市，人员构成复杂且流动范围广，城市发展变迁快，这导致基层矛盾纠纷主要呈现为如下特点：

首先，矛盾纠纷多元化。从矛盾纠纷产生的主体来看，以往多数矛盾是个人与个人、个人与家庭或家庭与家庭之间的，现在的矛盾纠纷则更多是个人对群体、群体对群体、群体对部门的。由于社会流动加速和外来人员的大量涌入，本地居民、动迁居民、外地居民等群体之间的矛盾纠纷显著增多。主体多元化及利益多元化给矛盾纠纷化解带来了较大的困难。

其次，矛盾纠纷复杂化。在以前，基层矛盾纠纷多数是婚姻、家庭、邻里纠纷等。但现在“社区碎片化”成为社区治理中首先要面对的现实问题，其表现为城市社区类型的多样化和居民生活的个体化。[②] 城市居住社区类型有村居混杂社区、传统街坊社区、商品房小区、动迁房小区等不同类型。居民生活个体化则主要表现为“为自己而活”的生活理念，包括自由地选择生活方式和社交网络。社区类型的多样与居民生活“个体化”交织势必会造成矛盾纠纷类型的多样与繁杂。不同世代、不同偏好的居民之间的矛盾纠纷增多。

最后，物业管理与服务类纠纷突出。改革开放 40 多年来，我国社会主要矛盾已经转化为人民日益增长的美好生活需要和不平衡不充分的发展

---

① 罗晓蓉：《发挥社区社会组织在防范和化解社区矛盾中的作用——基于社会协同的视角》，《江西行政学院学报》2014 年第 1 期，第 9—12 页。

② 杨君、徐选国、徐永祥：《迈向服务型社区治理：整体性治理与社会再组织化》，《中国农业大学学报（社会科学版）》2015 年第 3 期，第 95—105 页。

之间的矛盾。这不仅表现在城乡之间、区域之间、阶层之间的差异上，也表现在人们对公共管理、公共服务、公共产品的更高需求上。在浦东新区，住房、医疗、交通等公共产品和公共服务的供给还不能很好地满足人们的需求，该区老旧小区普遍存在社区服务不足、“停车难”、物业服务不规范等现实问题，由此引发的矛盾纠纷时有发生。

二、居村调委会的限制

人民调解是人民调解委员会通过说服、疏导等方法，促使当事人在平等协商基础上自愿达成调解协议，解决民间纠纷的活动。[①] 由此可以看出人民调解的执行主体是人民调解委员会，其实质为群众自治性组织，在基层主要设立在居民委员会、村民委员会等自治组织中。应该说，长期以来，被誉为“东方之花”的人民调解在基层矛盾纠纷化解中发挥了显著作用。但这种作用的发挥在当下却受到了一定的限制和约束。

> 我们居委会是这样的，如果要说人民调解发挥的作用的话，首先这个作用肯定是很明显的。具体是怎么发挥的，主要就是靠我们几个人，人民调解委员会主任由我们的社区干事担任。但是他的工作内容并没有被分得很清，他同时还负责治保。不过他在人民调解方面主要是处理信访工作，当然也会调解邻里纠纷，不过比较少，真有什么离婚官司，人家也不会找到我们的，我们懂的也不多，而且也没有那个时间。你知道基层工作很复杂的，万一有什么很紧急的情况，那我们居委会所有人都是要参与的，其实我们都是调解员啊。（周街道 DS 居民委员会主任 A）

可见，基层人民调解委员会在当下呈现出一定的弱化倾向，并不能很好地适应社区居民的解纷需求。一方面，作为基层的群众性自治组织，居委会（村委会）调解的效力还受到一定的质疑。当发生矛盾纠纷时，人们

---

① 《中华人民共和国人民调解法》，中华人民共和国主席令第 34 号，2011 年 1 月 1 日起施行。

更愿意向行政部门、司法部门寻求帮助，选择通过明确的法律规则和具有强制力的国家规制进行社会调整[①]，这显然压缩了基层人民调解委员会发挥作用的空间。另一方面，基层调委会的专业性也难以适应解纷需求。居村人民调解委员会的成员多由居委会（村委会）的行政工作人员兼任，他们往往身兼数职，时间紧张，专业性不强，调解程序和方法不规范等，造成其权威性减弱。如前所述，当前的基层矛盾不仅仅是传统的家庭纠纷、邻里纠纷，还涉及财产纠纷、债务纠纷、金融纠纷等多种复杂性、专业性较强的纠纷，这使得居村人民调委会往往能较早发现、较早介入这些矛盾纠纷，但解纷的专业性、有效性还有待提高。

相关研究也表明，随着改革发展的深入推进，原有建立在地域、单位基础上的人民调解委员会在社会矛盾纠纷化解方面的功能开始弱化。其主要原因在于：（1）矛盾纠纷愈发具有多发性和复杂性，基层调委会由于缺乏国家权力依托和对相关法律规则的准确把握，其自身能力已经较难适应纠纷化解的需求；（2）诚信缺失、道德滑坡等社会失范使得基层调解失去优势，其在调解中常用的人情、道德、伦理等手段的有效性在降低；（3）社会凝聚力下降，共同体的自治能力下降，内部调整作用差，人们更多强调和维护自我权益。[②] 因此，传统的基层人民调解工作不得不进行新的探索和发展。当然，这并不是否认基层人民调解组织在矛盾纠纷化解中的作用，而是强调在当前矛盾纠纷化解中“公力救济”“自力救济”不足的情况下，承担“社会救济”角色的人民调解仍具有巨大的制度优势和组织优势。实质上，以居村调委会为代表的基层人民调解组织长期以来化解了大部分基层日常矛盾纠纷，对化解社会风险、维护基层稳定做出了显著贡献，但其在社会发展中的作用仍存在一定的限制。这就涉及如何对居村调委会进行提质增效的问题，我们可以通过内部整合或外在推动等方法，解决其功能受限乃至不断弱化的困境。

---

① 熊易寒：《人民调解的社会化与再组织——对上海市杨伯寿工作室的个案分析》，《社会》2006 年第 6 期，第 95—116 页。

② 范愉：《社会转型中的人民调解制度——以上海市长宁区人民调解组织改革的经验为视点》，《中国司法》2004 年第 10 期，第 55—62 页。

三、"催生"的人民调解工作室

上海的主要做法是在街镇层面成立人民调解工作室，推进基层调解力量的专业化、社会化发展。之所以要在街镇层面成立专业化的调解组织，也和上海街镇的职能转变有关。改革开放以后，上海开始实施的是"两级政府、两级管理"，随着20世纪90年代以来经济发展的加速和社会人口的激增，政府管理压力增加，原有管理体制进一步发展为"两级政府、三级管理、四级网络"，即将街道、镇的管理权限进一步扩大，并注重基层社区的作用。但这也意味着基层管理、服务范围和内容的增多，由于精力、人力以及专业水平的限制，包括民间纠纷化解在内的公共管理、公共服务等有待进一步优化，引入社会力量参与成为必然的选择之一。

周街道"老娘舅调解工作室"位于浦东新区下辖的周街道，它的成立就是政府积极引导社会力量化解基层矛盾纠纷的结果。2010年5月1日至10月31日，第41届世界博览会在上海举行，其间，各国家展馆吸引世界各国人民前来世博园参观。展馆区域设施设备安全隐患、第三方侵权造成的人身伤害和财产损害、意外伤害等矛盾纠纷较为突出。世博园派出所因为人力资源和管理职责有限，遂临时借用周街道人民调解委员会的一名工作人员LQH，组建了由医生、热心群众、志愿者和LQH构成的上海市世博园区人民调解委员会，成功化解了多起矛盾纠纷并得到上级的肯定，人民调解的魅力得以再现。LQH作为资深人民调解员，在世博会举办的180天里成功调处了145起矛盾纠纷，这为后来周街道"老娘舅调解工作室"的建立奠定了重要基础。

为迎接世博会，周边区域需要开展一系列城市环境和公共设施整治。周街道紧邻世博园区，因此也进行了大量改造，如五个统一工程（统一空调挂架、统一空调排水管、统一平改坡、统一沿马路窗户铝合金、统一收缩衣架）。2010年10月31日，上海世博会结束，后世博时代来临，一系列环境及公共设施改造的"后遗症"集中爆发，给居民生活造成了诸多影响，产生了多起矛盾纠纷，基层居委会疲于应付，难以有效处理，最后这些矛盾又集中到街道层面。街道层面鉴于矛盾爆发的现实情况和自身调解力量的不足，结合上海特色开始筹备“老娘舅调解工作室”。时值 LQH 即将退休，鉴于世博会开展期间她带领的工作团队在矛盾纠纷化解方面发挥的突出作用，街道考虑由她担任调解工作室的主任，以继续发挥其作用。2012 年 1 月，该街道社区服务中心出资 5 万元，组建了由包括 LQH 在内的共 3 名人民调解员组成的调解工作室，并将之命名为“老娘舅调解工作室”，成为具有独立法人资格的第三方调解组织。

可见，周街道“老娘舅调解工作室”的成立得益于基层治理中矛盾纠纷的化解需求，在一定程度上是基层部门主动让渡部分职能的结果。当然，周街道“老娘舅调解工作室”在性质上虽然属于第三方社会服务机构，但是在刚成立的最初几年内实质上并不具备独立性，街道司法所是工作室的直接主管部门和业务指导单位。

> 2017 年我刚来的时候，工作室的情况离其他街镇和司法局的要求还有些差距。其他街道的民非组织也都发展得非常好，我们当然不能落后了。后来我就跟 LQH 老师一起去民政部门主动对接，然后用了半年时间，使工作室的运作模式得以规范化，完善了章程和管理制度。工作室的核心，到底是政府购买服务，还是街道给点钱再派点人，还是怎么个弄法？这点边界我觉得要搞清楚。无非就是政府购买，那么就应该要走政府购买的程序。对于工作我的要求是，不要一味地追求绩效，而是要将重心放在目标考核上，区司法局要求多少我们就做到多少，你做不到，明天换人。当然我对 LQH 老师是有信心的，工作室肯定是没有问题的。（周街道司法所工作人员 HQX）

这表明，2017 年街道司法所的主动推动是周街道“老娘舅调解工作室”转向规范化运作与发展的重要契机。在这种组织化力量的推动下，“老娘舅调解工作室”通过参与区公益服务项目“供需对接 · 一站式服务”平台并竞标成功，与街道签订了政府购买服务合同。这一举措带来了诸多改变，首先便是工作室定位的改变。

> 本来我们是协助司法所开展行政工作的，到后来我们有自己的项目，项目结束后还有专门的人要评估，评估的人都说我们做得很好。现在我就是“一支笔”，签订什么项目我不要领导签的，项目的事情都是自己来。我们以前是司法所的配角，但现在我们是主角。（周街道“老娘舅调解工作室”主任 LQH）

在实际运作中，工作室首先是从街道的下属职能部门转为具有一定决策权的第三方社会服务机构。其次是人员的更新，由于项目内容增多，工作室工作人员数量不足，因而工作室使用政府购买服务的资金返聘了几个退休的调解员，街道也增派了一个社会工作者以支持调解工作。最后，工作室各项工作的规章制度得以补充和完善，工作室的规范化建设使其通过中国社会组织的 3A 级评定，工作室逐渐走上专业化、社会化的发展之路。

第二节　人民调解工作室的运作机制

组织运作是指组织的内部管理机制与工作运行机制。内部管理机制主要涉及组织内部各构成要素之间的制度化关联，如组织的人员构成和人员管理、经费管理等。工作运行机制则主要指组织日常事务的运作方式。通俗来讲，组织运作就是组织人、财、事，以及这些要素之间的协调机制。为了保证组织的高效、有序运行，人民调解工作室已经形成了一套相对固定的组织运作机制。

一、“被吸纳”的人民调解员

人民调解工作室的人员构成可从如下几个方面加以分析。首先，工作室的组织架构比较简单，通常由一名主任和若干名调解员构成。从浦东新区的访谈资料来看，人民调解工作室的规模普遍不大，每个工作室有 3~6 名调解员，其中大多数工作室以处于退休年龄段的调解员为主，有的甚至全部为退休人员，后备人才较为缺乏，有的工作室有部分社会工作者协助工作，但作为新生力量其调解经验稍显不足，调解技巧还有待精进。工作室可根据自身运行状况，决定工作人员的数量，聘用或解聘工作人员但需要报司法所备案。一般情况下，工作室的法人代表即工作室的主任，其他调解员在其领导下开展调解工作。

其次，人民调解工作室的调解员来源相对固定，主要是司法行政机关及有关行业的退休人员和街镇招聘的社工。工作室的大部分调解员来自不同领域的退休人员，有的是政府机关或事业单位的退休人员，有的来自医疗、法院等专业系统。总体上看，这些人身上具有一定的共性：他们热衷于人民调解工作，具有一定的奉献精神，并且依靠独特的个人魅力和个人能力能化解大量的民间纠纷；多数调解员尤其是工作室的领军人物的群众基础深厚，在当地具有较高的社会声望；他们掌握着一定的社会资源，特别是政治资源和组织资源，能够得到当地政府的大力支持。还有一些调解员是街镇招募的社会工作者，这些人主要集中在年轻的调解员当中。但部分街镇的人民调解工作室的调解员数量有限，工作室存在人员不足、调解员分身乏术的状况。

最后，调解员的考核与竞争机制不断完善。浦东新区实行人民调解员持证上岗制度、分类管理制度和等级评定制度。持证上岗制度主要用以规范人民调解员的准入资格和资质管理。2010 年年底，该区修订《浦东新区人民调解员等级评定办法》，优化了人民调解员的分类管理制度和等级评定制度；在市级首席人民调解员制度的基础上，结合评定办法厘清区级层面一级、二级、三级人民调解员等级申报原则和等级界限，规范了人民调解员的等级晋升途径，以此建立了调解员的梯度发展规划。这一制度举措不仅调动了调解员的工作积极性，发挥了优质调解员的模范带头作用，还在一定程度上缓解了人民调解员流动性大、流失严重的情况。

周街道“老娘舅调解工作室”从 2012 年成立至今，其主任一直为在街道长期担任人民调解工作的 LQH 女士。其间，虽然工作室的调解员经历过人员变动，但 LQH 一直坚守在主任的岗位上。

> 本来我就是做这个调解工作的，是上海市首席人民调解员。1998 年的时候，我刚刚离开单位就在居委会做调解工作，1999 年的时候

就评到了上海市人民调解的一个奖。因为一年工作也是蛮出色的，得到了领导的认可。后来一做就是将近十年。2007 年的时候要准备世博会，街道也是比较认可我的工作的，因此我就被调到了街道。世博会准备期间也是有很多矛盾发生，我被调到街道之后也是做灵活的工作，我本来对这里也熟悉，现在很多人也是指名找我的，为人民排忧解难、为人民服务也是挺开心的。不过世博会那个时候还真是辛苦，双休日都不休息。后世博的时候矛盾也是很多，主要就是前期准备世博会所做的那些工程留下的“后遗症”。那个时候我刚好要退下来了，但是街道想要成立一个民非工作室，就来问我要不要继续干，街道也是一直认可我的工作的，刚好自己身体还行，我也不好拒绝，都是熟人，反正自己做调解工作也有十几年了，为大家排忧解难嘛，也是无所谓的，就一直做到了现在。(周街道“老娘舅调解工作室”主任 LQH)

我来到这里是街道领导找到我，LQH 老师也是多次跟我提起。我是退休了没啥事干，听说工作室缺人就过来了。来到这里呢，因为自己身体还行，就像我们领导说的继续发光发热吧，加上这么多年来我对一线工作也是很熟悉的了，当然肯定不是说为了那点儿工资，我们做这个我个人想法就是在做公益，反正就当是做好事了。(周街道“老娘舅调解工作室”调解员 LWL)

通过访谈和表 5.1 所展示的工作人员基本信息，可以发现周街道“老娘舅调解工作室”的调解员均是在调解岗位上具有丰富经验的退休返聘工作人员，通过政府部门有意识的引导，作为“社区精英”的角色参与到社会组织的筹建和运行中。精英的概念被社会学家维弗雷多·帕累托(Vilfred Pareto) 延伸到社会生活领域。他指出，在社会生活中的任何领域，一个人只要在该领域中表现优异，得到普遍认可，便可被视为该领域的精英。通过分析可知，工作室的调解员的学历均为专科及以上，多数年龄在 60 岁以上，具有多年调解工作经验，对街道辖区内各社区情况及有关负责人员较为熟悉，在威望、社会资源、社区文化等方面具有明显优势。同时，已退休的调解员愿意以返聘的形式再次参加到调解工作中且不以获得丰厚报酬为目的，其对调解工作和社区管理富有极大的热情。因此，在我国社区自治内生性不足与自治环境限制的情况下，社区精英能够利用其能力、资源、权威，充分发挥自身的积极能动作用，在居民之间充当“中间人”，将矛盾纠纷化解在基层，充分体现了人民调解作为矛盾纠纷化解“第一道防线”的作用，维护了社区的稳定与和谐。

表 5.1 周街道“老娘舅调解工作室”工作人员基本信息表

姓名	性别	年龄/岁	政治面貌	学历	曾任职业	擅长纠纷化解领域
LQH	女	63	群众	专科	人民调解员	民事纠纷
JYL	男	61	党员	本科	人民调解员	损害赔偿
LWL	男	65	党员	专科	人民调解员	邻里纠纷
JLM	女	55	群众	专科	人民调解员	家庭纠纷
XWJ	女	33	群众	本科	社工	无（文职人员）

但这种社区精英并非完全是社区自治力量的体现。社区精英可分为体制内和体制外精英两种类型。[①] 周街道“老娘舅调解工作室”的调解员均为街道和居委会退休工作人员，属于体制内社区精英。政府通过引导社区精英担任工作室法人代表和工作人员的方式，实现了与体制内社区精英的再次合作，赋予了社会组织存在并顺利运行的天然合法性资源，实现了基层治理社会化的目的。这也是基层政府对社区精英的“吸纳”过程，尤其是本来就隶属于体制内的社区精英的推动与再造。街道当然是由于对这些社区精英的信任和熟悉才主动吸纳并培育他们作为人民调解员承担一定的公共管理、公共服务责任的，曾身为体制内工作人员的人民调解员们也明白自身对街道的责任与义务。从工作室调解员的身份特征来看，“体制内退休工作人员”的特殊身份是国家与社会关系在矛盾纠纷化解领域的微妙呈现，通过吸纳这些退休人员作为调解员，工作室在一定程度上嵌入了基层政府工作网络之中。

① 金太军：《村级治理中的精英分析》，《齐鲁学刊》2002 年第 5 期，第 119—125 页。

二、"被代管"的财务

人民调解工作室的经费管理主要涉及经费来源、财务管理、调解员的薪酬体系等内容。从经费来源看，工作室的运作经费主要来源于政府购买服务，经费来源于街镇政府财政并由街镇审批，因制度和政策的限制，其接收的社会捐赠较少。从经费支出看，主要是办公经费和人工费。机构运行所需的办公经费和水电煤大多由街镇提供，机构的文具、办公用品等费用有的由工作室自己负责。从财务管理上看，一些工作室拥有独立财务账户，但他们仍然没有权限自主控制财务资金往来，主要是由街镇司法所代管，工作室的财务事务委托司法所财务科进行管理，其工资发放、办公经费报销等都是通过街镇审批才能发放和使用。还有一些工作室则没有独立账户，挂靠在街镇司法所，经费使用需街镇审批，少数几个可以由工作室法人独立审批。总体上来看，人民调解工作室相对缺乏财务自主权。

人民调解工作室的薪酬发放方式分为两种。一种方式是，工作室法人代表的工资包含在政府购买服务的经费里面，而工作室其他普通调解员的工资一般由街镇政府按照社工的工资标准进行发放。另一种方式是，包括法人代表在内的工作室所有调解员的薪酬都包含在政府购买服务的经费中，这样可能会导致人头费占据了绝大部分。例如，DM 社区 HM 调解工作室的薪酬体系属于第一种方式。街镇用于购买 HM 调解工作室的服务经费每年在 10 万到 15 万元之间不等，这笔经费可用于支付法人代表 FHM 本人的薪酬和津贴、工作室运转费用和绩效工资等，但不包括 FHM 以外的工作室其他调解员的薪酬；工作室其他调解员的薪酬则融入街镇社工的薪酬体系，其工资和奖金都由街镇政府发放。LJZ 街道 MB 工作室的政府购买服务经费则包括了 WMB 本人在内的所有调解员的工资，属于第二种薪酬发放方式。

可见，政府购买服务为人民调解工作室提供了最基本的生存资源，有效促进了调解工作室积极参与矛盾纠纷化解。但在实际操作中，工作室并不一定掌握使用这些经费的自主权。

> 我们工作室都是一些年纪大的老人了，虽然以前做调解工作一二十年了，但是对财务的事情也不是很懂，再说工作室平时也没什么支出，大家出去调解都是骑自行车，所以能不能管钱也无所谓的。以前也是这样的呀，我们的工资是街道按照社工的标准发给我们的，现在的话，我们的工资是政府购买服务的钱，平时有什么支出的话司法所都会帮我们报销的，不过实际上也真的没什么支出，其他的办公场地、水电都是街道提供的，所以也不花什么钱。（周街道“老娘舅调解工作室”主任 LQH）

在周街道，自调解工作室规范化建设以来，街道每年都采用项目的形式购买“老娘舅调解工作室”的调解服务，其所支付的经费主要包括工作室办公用品支出和调解员薪资。工作室运作所需的场地、水电煤气费用均由街道免费提供。在财务管理上，周街道老娘舅工作室作为一个具有独立法人资格的第三方调解组织，拥有独立资金账户，但由街镇司法所财务科进行代管。一方面，从工作室内部的财务管理上来看，LQH 作为工作室的主任因其长期在体制内工作的经验和习惯，认可街道对工作室财务的管理，工作室也没有专业人员进行财务管理，这对工作室的运作、发展也是一种“减负”。另一方面，从资金来源看，政府购买服务是调解工作室收入的唯一来源，由此形成了社会组织对政府的资源依赖性，使得工作室间接地失去了独立开展活动、聘用调解员的自主权，甚至可能演变为基层政府的“内部职能单位”。因此，政府购买公共服务可被视为一种间接的、以激励为基础的控制策略，这在一定程度上造成了社会组织对政府的资源依赖。[1]

三、准社会化的运作方式

社会组织作为法人，需要取得参与市场和社会事务的合法身份，应当找到县级以上地方各级人民政府有关部门作为其业务主管单位，并向与业

---

① 敬乂嘉：《控制与赋权：中国政府的社会组织发展策略》，《学海》2016 年第 1 期，第 22—33 页。

务主管单位同级的民政部门提出登记注册申请，从而形成双重领导。这有利于推动建立服务政府部门利益或政策的社会组织，而业务主管部门也要为所挂靠的社会组织负责。[①] 从职责上看，人民调解工作室独立承担街镇辖区内矛盾较为突出的、疑难的、居（村）委会或其他部门无法解决的重大纠纷、意外事故、群体性事件、信访接待等调解业务，同时承担部分法律咨询、法律宣传等工作作为人民调解的外延和补充。有的工作室因影响力巨大，也部分承担了邻近街镇的纠纷化解任务。人民调解工作室在解决矛盾纠纷时并不是独立运作的，而是与其业务主管部门及街镇相关职能部门相互协作，在政府购买服务下开展项目化运作。

首先，街镇与工作室每年签订政府购买服务合同，约定合同期限内的工作量和各项指标。下面是浦东新区 LJZ 街道办事处（甲方）与 MB 调解工作室（乙方）签订的《LJZ 街道办事处政府购买社会公共服务项目合同》的部分内容。

> 第一条　项目内容
>
> 甲方出资购买服务，由乙方提供人民调解、法律咨询、信访代理、化解或代理 LJZ 街道交办的矛盾纠纷和信访事项等服务。业务范畴为事发地、当事双方或一方户籍地或居住地、注册地在 LJZ 街道辖区的事项（法律咨询除外）。乙方为甲方所辖居民区调解委员会提供业务指导和培训。[②]

其次，受街镇办事处和街镇人民调解委员会的委托，司法所负责对人民调解工作室进行业务指导和日常管理，核对工作室年度工作指标。在街镇层面，工作室的调解业务受街镇司法所领导，并对其负责。同时，人民调解工作室也会充分整合街镇层面的各种资源，通过与其他机构如律师事务所、专门的心理咨询室等开展业务合作，来提升工作室的专业性，并获

① 敬乂嘉：《控制与赋权：中国政府的社会组织发展策略》，《学海》2016 年第 1 期，第 22—33 页。

② 内部资料：《LJZ 街道办事处政府购买社会公共服务项目合同》。

得群众信任。

我们工作室是与律师事务所有合作的，通过引进专业律师团队来参与我们的调解工作。我们自己认为这个措施是比较成功的。而且，工作室和律师事务所是双赢的，因为我们工作室三个人有时候忙不过来。律师事务所每周二、五有两个半天到社区进行法律服务，接待民众。当然他们通过接待可能也会处理一些案件，老百姓知道每周还有律师来也比较欢迎。我们也跟他们打过招呼了，如果这边老百姓的案件请他们代理，希望他们也要多用点儿心。（周街道“老娘舅调解工作室”主任 LQH）

我们工作室运行有个“3+1”模式。把调节工作室作为一个司法平台，将基层司法行政工作的各项职能整合在一起。这具体体现在工作人员的配置上，我们设置了 2 名 110 接处警、2 名派出所委托调解员和现有的 4 名调解工作人员。这一模式非常具有创新性，即将司法所的多项职能整合在一起。具体而言，就是将工作室变成一个三合一的集合体：公安、派出所和律师，再加上心理咨询室即知心人工作室。（CS 镇 DQ 调解工作室主任 XDQ）

可见，人民调解工作室在街镇司法所的业务指导和监督下开展矛盾纠纷化解工作，它们拥有一定的自主性，通过与专业的律师事务所、心理咨询室等开展业务合作，增强了自身的业务能力和专业性。但从另一个方面来看，人民调解工作室的独立性又是不完整的，其运作也容易受到政府部门的制约。街镇司法所虽然在规定上与工作室只是业务上的指导关系，但也可以通过工作指导来加强对工作室人员构成、资金来源、活动方式的约束。同时，工作室的调解网络与街镇司法所、派出所、法院、居委会（村委会）等打通，调解案件的主要来源也是这些部门和单位。可见，人民调解工作室虽然采用了准社会化的运作方式，但同时也深深嵌入街镇的工作网络中，从某种程度上来说相当于街镇下属的职能部门。

第三节 人民调解工作室的职能发挥

调解类社会组织的产生过程和基本运作与基层政府之间具有较多的关联，本节将重点描述人民调解工作室的职责和工作内容，以探究其作为社会组织的运作方式与特点。

一、基层矛盾纠纷化解

人民调解工作室独立承担街镇辖区内较为突出的、疑难性的以及居委会（村委会）或其他部门无法处理的重大纠纷、意外事故、群体性事件、信访接待等工作，或作为人民调解的外延和补充，承担法律咨询、法律宣传、居村调解员的业务培训等工作。具体来讲，人民调解工作室主要负责化解以下几种类型的矛盾纠纷：

第一，化解社区各类矛盾纠纷。周街道“老娘舅调解工作室”属于街道层面的调解类社会组织，其服务对象面向街道辖区内的所有居民，但并不是所有居委会的矛盾纠纷都会经由工作室处理。一般情况下，经过各居委会首次筛选，能在各社区化解的矛盾纠纷均在社区化解，化解不了的才会被转介到人民调解工作室。即便如此，鉴于居委会人民调解工作效能下降，多数转介来的矛盾纠纷案件还是属于邻里纠纷（如占用公用空间、噪声影响、垃圾堆放、饲养宠物等）、家庭纠纷（如夫妻吵架、家庭暴力、离婚协议不成、老人赡养等）、物业纠纷（如下水道堵塞、占用车位、保洁不及时、保绿不到位等）。矛盾纠纷的来源主要有工作室窗口接待、各居委会及其他政府部门转介。这些矛盾纠纷主要围绕居民日常生活，具有发生数量多、频次高、暴力冲突小、专业知识涉及少等特点。由于家人、邻里关系之间存在感情基础，因此这类矛盾在调解员的耐心调解下往往能够得到顺利解决。

第二，协助完成部分司法行政工作。人民调解工作室在“正式合同”与“隐性契约”双重作用下“夹缝求生”。[1] 从服务购买角度看，基于工

---

① 陈天祥、郑佳斯：《双重委托代理下的政社关系：政府购买社会服务的新解释框架》，《公共管理学报》2016 年第 3 期，第 36—48 页。

作室与街镇签订的服务购买合同，工作室必须按照合同规定完成相应的任务。与此同时，虽在合同规定上并未标明工作室需要协助司法所完成工作，但由于司法所是工作室重要的指导单位，因而在实践中，工作室不可避免地要与司法所产生业务上的往来与交流，不得不完成一些基层司法行政的协助工作。

第三，司法窗口法律咨询接待工作。自成立之日起，人民调解工作室就承担了司法所一个重要的职能即法律服务接待，具体可包含法律援助、法律宣传、法律咨询等。具体操作形式一般是在司法所接待大厅设立一个独立窗口，接待来自辖区内的群众开展法律服务工作。值得一提的是，自从人民调解工作室作为社会力量加入后，窗口的服务接待工作不再仅仅是司法所的行政工作，而是转变成了集纠纷调解和访调对接等为一体的综合服务，并主要由人民调解工作室承接。纠纷调解是窗口服务的主要工作。

> 根据窗口接待工作的反馈，如果是简单的问题就当场通过口头协议处理，因为都住得很近，打个电话或者出去寻找也能很快找到当事人。对于这部分问题我觉得也没必要走人民调解程序，不然还有一大堆的程序，有时候可能就是几句话的事情，大家说合说合也就好了。如果是复杂的问题，就走人民调解程序，要填写申请表，最后签订调解协议。不过不管是当场口头协议还是最后走程序，上面都有我们工作室的公章，是一样的。（周街道“老娘舅调解工作室”调解员 JLM）

调解员根据被接待人的具体诉求，将纠纷分成口头调解程序和人民调解程序，对于日常生活中的矛盾纠纷进行灵活处理是工作室能动作用积极发挥的重要表现，一方面有效节约了社会资源，另一方面也能够促进矛盾纠纷的快速解决，提升了社区居民对社会服务的满意度。

访调对接是窗口服务的协助工作。周街道“老娘舅调解工作室”窗口接待的办公位置紧挨着信访办下设的窗口接待办公位置，不论是矛盾纠纷化解服务的需求还是上访需求，工作室的调解员和信访办工作人员都能在同一时间接收到。在对上访案件进行初步判断和征询上访人意见之后，信访办工作人员将适合走调解程序的信访案件转介给工作室调解员。由于社会组织的参与，在第一时间内实现了“信访”与“调解”的对接，在减少行政工作压力的同时，也提高了社会自治程度和社会服务效率。

第四，指导和培训辖区内各居村调解员开展调解工作和信访代理工作。鉴于居村人民调解委员会的纠纷化解能力和威信的降低，街镇在购买工作室服务时便要求工作室以第三方的身份为各居村的调解员开展业务培训工作。合同一般会对工作室开展调解服务的次数进行明确规定，但对服务开展的具体形式和方法并无明确要求。由于工作室对各居村人民调解员的基本情况较为熟悉，因此能够根据现实情况提供较为贴合实际需求的服务，提升社区自我化解矛盾纠纷的能力。

> 对于人民调解员的培训，我们都有规定项目，培训几次、怎么培训，以前是依托司法所开展一些工作，现在成立了人民调解工作室，我们就是主角了。具体这个培训的项目怎么做都是我们自己说了算，包括去年我们举办了人民调解协议书大赛，因为我们做一个调解总是要涉及很多的材料，包括调解笔录、受理书，而且协议书是有法律效力的，我们对这些流程和有些术语不懂是不行的。所以我们就举办了这个比赛，效果蛮好的。(周街道“老娘舅调解工作室”主任 LQH)

人民调解工作室不仅对各居村的调解员开展培训工作，而且也承接了信访代理员的培训工作。随着人们维权意识的增强，社会矛盾的复杂化以及国家司法和行政资源的有限性，部分社会矛盾纠纷得不到及时有效的解决，导致信访数量居高不下，政府部门难以应付。信访代理就是为解决这一问题而产生的制度创新。信访代理是在基层设置信访代理机构，由基层干部或者群众担任信访代理员，接受信访人的委托，向有关部门反映、处理信访事项。[①] 其有效地将“直接上访”变为“间接上访”，一方面方便

① 秦铁铮:《浅议信访代理制度》,《理论视野》2014 年第 2 期，第 48—50 页。

群众及时反映诉求，另一方面方便政府及时了解民情，推动矛盾的妥善化解，避免直接冲突。人民调解工作室负责组织和培训信访代理志愿者团队，在每个居村设立一位志愿者担任信访代理员，每位信访代理志愿者每周定时在所属居村开展为期一天的信访接待工作。信访代理志愿者团队的管理和培训属于工作室的工作范畴，信访代理员在接待过程中如果发现适合人民调解的案件也可转交给工作室。工作室通过信访代理志愿者，建立起了基层矛盾纠纷的主动发现机制，有效地预防了信访矛盾的进一步激化。

二、司法机关的委托调解

除了上述四项职责之外，人民调解工作还要配合法院和派出所做好委托调解工作。委托调解的具体事项为法院的民事委托、公安派出所的治安委托和检察院的轻伤害案件委托。

第一，调解法院委托的民事案件。2006 年 2 月，上海市高级人民法院、上海市司法局联合下发了《关于规范民事纠纷委托人民调解的若干意见》，对人民调解介入民事纠纷的相关原则、范围、阶段及流程等进行了规范，规定基层法院可根据实际情况将适合人民调解的民事案件委托给人民调解工作室。① 这类纠纷主要是由基层人民法院委托调解的纠纷，分为诉前调解和诉后调解。诉前调解是指当事人起诉后，法院尚未立案的，审查后认为该案件适合走人民调解的途径解决，在双方当事人同意后移交到人民调解工作室进行调解。诉后调解也叫立案调解，是法院已经立案的，法官认为该案件适合通过人民调解的途径解决，在双方当事人同意后移交到工作室进行调解。调解达成后当事人到法院撤销诉讼。民事纠纷委托人民调解可节省大量诉讼时间、费用，提高协议执行率，这一举措进一步增强了人民调解的吸引力。

第二，调解公安派出所委托的轻型治安案件。这些治安案件通常是情节较轻的打架斗殴或者损坏他人财物等违反《中华人民共和国治安管理处

① 赵明霞、吴孝卿：《浅议民事纠纷委托人民调解》，《中国司法》2007 年第 6 期，第 53—60 页。

罚条例》（简称《治安管理处罚条例》）的案件。公安派出所在接到 110 报警后，会根据纠纷发生的具体情况做出判断，对于适合采用人民调解解决的纠纷，经由双方当事人同意后，会交由工作室进行调解。调解完成并履行协议后，公安派出所对违反《治安管理处罚条例》的行为人将不再进行治安处罚和行政拘留。受害人在协议达成后也会放弃刑事诉讼。这一模式被称为“警民联调”。

第三，调解检察院委托的轻伤害案件。轻伤害案件是指因民间纠纷引发的故意伤害致人轻伤且社会影响不大的案件。2006 年 5 月，为增强司法能力，提高司法水平，同时充分发挥人民调解工作的独特优势和职能作用，上海市高级人民法院、上海市人民检察院、上海市公安局、上海市司法局联合出台《关于轻伤害案件委托人民调解的若干意见》，将部分轻伤害案件委托给人民调解委员会进行调解。该意见指出，轻伤害案件委托人民调解，是指在受理、立案侦查、审查起诉、审判阶段，公安机关、人民检察院、人民法院等办案机关根据双方当事人的申请，将符合条件的轻伤害案件委托人民调解委员会进行调解。①

适用于轻伤害案件委托人民调解的范围是受到严格限制的，主要限于邻里纠纷、社区纠纷等导致的轻伤害案件，不适用于“雇凶伤人、涉黑涉恶、寻衅滋事、聚众斗殴及其他恶性犯罪致人轻伤”“多次伤害他人身体或致三人以上轻伤”“携带凶器伤害他人”等社会危害较大的案件。

> 民非组织参与人民调解，首先用老百姓的话来说，是街镇为大家做了一件好事。老百姓一旦有纠纷或者疑难问题，可以通过工作室解决。不管是邻里纠纷、婚姻纠纷，还是房产纠纷、遗产纠纷，都可以得到解决，有助于维护家庭、社区、社会稳定。此外，我们能够帮助政府承担部分矛盾纠纷化解责任，维护社区稳定，如信访接待。而且，在社区居民矛盾纠纷中，我们可以中立地站在第三方的角度解决，从而有效化解社会矛盾，维护社区稳定。（PX 社区 DYX 调解工作室主任 DYX）

---

① 《关于轻伤害案件委托人民调解的若干意见》，沪司发法制〔2006〕5 号，2006 年 5 月 12 日起施行。

可见，人民调解工作室参与基层矛盾纠纷化解具有较为显著的优势。对民众而言，他们与人民调解工作室之间的距离相对于政府部门而言更近，工作室的调解员多是社区内比较有威望的熟人，因此发生矛盾纠纷时他们愿意找工作室进行调解。对政府而言，工作室可以帮助政府化解社区矛盾、承担维护社区稳定的部分职能。随着基层社区矛盾纠纷的日益增多，政府没有足够的精力去解决所有的矛盾纠纷；而且政府部门的介入容易让纠纷当事人产生排斥心理，反而有可能激化矛盾。这时候由作为第三方的人民调解工作室出面解决，有助于提高纠纷解决效率及群众的认可度。

第四节　风险治理社会化与受限制的发展

在以居村调委会为代表的基层调解组织的作用有所弱化的情况下，在街镇层面成立人民调解工作室是上海的一项创新，是加强基层人民调解力量的重要举措。这在实现风险治理社会化的同时，也不可忽视调解类社会组织在发展中受到的限制。

一、矛盾纠纷化解的社会化趋向

如前所述，矛盾纠纷的化解主要有三种途径：一是国家的司法和行政资源。在国家法治建设快速发展的背景下，我国司法和行政体系建设不断完善，但其资源供给难以满足多元化、复杂化的矛盾纠纷化解需求。二是市场力量。律师事务所的法律服务是目前市场上最为普遍的矛盾纠纷的化解途径，但其特有的风险偏好、逆向选择等特征使之并不适用于一些民间生活纠纷。三是社会力量。社会力量主要为设立在各居村和其他部门的人民调解委员会，它们贴近群众且反应快、效率高。周街道“老娘舅调解工作室”是社会力量的重要表现形式，在矛盾纠纷调解中发挥了显著作用。

> 其实我觉得我们这里最突出的矛盾就是这个房子的事情，这里的房子都是20世纪八九十年代盖的，而且我们附近学校还不少，学区房也比较多，外来人口借房子的也多，住房子的人情况复杂，房子类型也

> 复杂，里面的问题就更麻烦了。尤其是这个房屋构造和老化的问题，现在为了防盗都安装了防盗门，但是现在防盗门都是往外开的，占了那么一平方的地方，经常因为这个防盗门的问题引起很多纠纷。还有漏水啊，垃圾堆放啊，占用停车位啊，问题很多，我这里经常收到很多反映，其实我们是忙不过来的。所以真是多亏了司法所建立的这个调解工作室，我们也是沾光，把一些难处理的情况转到他们那边，给我们的工作带来了很多便利，你要说作用嘛还是很大的。(周街道房管办主任 FPL)

周街道“老娘舅调解工作室”参与矛盾纠纷化解是风险治理社会化的重要体现，也是社会自治力的一种体现。而且，人民调解组织可以根据矛盾纠纷的具体情况和实地情景采取多样化的化解措施，充分发挥社会组织的能动性和创造力。周街道“老娘舅调解工作室”在化解矛盾纠纷过程中总结出了独具特色的“十四法”，即获取信任法、热案冷处法、关键人物法、借助力量法、特事特办法、去伪存真法、区分责任法、单独沟通法、引律据案法、换位思考法、征求方案法、扶正祛邪法、利益平衡法、适时终止法，形成了社会力量开展人民调解工作的新模式。

> 我知道很多人都看不上这个调解工作，但是这个工作做起来并不是那么容易的，鸡毛蒜皮的小事处理起来真的很不简单，不过我们倒是比较容易跟当事人建立起信任关系的。因为怎么说呢，我也在这个地方住了很多年了，不说这里的每个人我都知道，但是混个面熟还是没有问题的，所以他们一般都会给我面子的。再来就是我们经常说要讲理，不过呢，现在的人一般都为自己考虑，你要说谁绝对没理，那这个调解就进行不下去了，所以我们也是想各种办法，就像给你的资料里面写的单独沟通啊，热案冷处法啊这些，有策略性地、有选择性地进行调解。最后要讲的是，为什么我们跟司法所离得那么近，主要原因还是在于我们经常也是要用到法律，其实很多案子很简单的，特别像是离婚因为财产闹得不开心的，法律里面写得清清楚楚，特别好处理。(周街道“老娘舅调解工作室”主任 LQH)

工作室在工作中所用到的调解方法可以总结为“情、理、法”结合。“情”即社区情、邻里情、人情等，具体包含两个方面：一方面是调解员对社区和邻里的感情，调解员通过“情”积极投入调解事业中；另一方面是居民对社区和邻里的感情，以及对调解员的“人情”。大家同住于一个辖区内，彼此熟悉了解，受到地域联系和中国传统“和为贵”文化的影响，追求大事化小，小事化了。“理”是“情”与“法”的中间阶段，通过社会风俗、文化习惯、道德素养等力量规范人们的行为。[①] 日常生活中一般是由社区中具有一定威望的长者通过说服教育和传授道理的方式调解矛盾纠纷，由于思想道德的“理”并没有统一的标准和明文规定，在很多时候难以使人信服，因此调解中的“理”一般依赖于调解员的威望。“法”是指法律规定，如《中华人民共和国婚姻法》《中华人民共和国治安管理处罚法》等，在特定的矛盾纠纷中，调解员有时候很难仅仅通过沟通和说服就达到化解效果，因此法律是判定纠纷的重要依据，这也要求人民调解员必须对相关法律有所了解并能在调解中灵活运用。

二、人民调解工作室的发展限制

以周街道“老娘舅调解工作室”为代表的工作室虽然体现出第三方社会组织参与矛盾纠纷化解的明显效果和积极作用，但与此同时，也不可忽视其所面临的来自工作室自身和社会环境的双重约束。

一方面是人民调解工作室的路径依赖与能力限制。工作室的人民调解员主要以司法行政系统的退休人员为主，他们开展人民调解工作主要凭借自身多年积累的专业技能和专业知识，也凭借其所拥有的组织资源、制度资源，以及对矛盾纠纷的沟通、协调和处理能力。他们的调解能力也源于其对社区环境和社区居民的熟悉程度，多数调解员在社区居住长达几十年，调解员的“面子”和“威望”使调解双方信服于调解工作，即“情”“理”这两种根源于中国传统文化的重要因素在调解工作中发挥了较大作用。如果脱离了熟悉的社区环境，这种调解手段的效果势必受到限制，调

① 田思倩：《社会组织参与城市社区调解研究》，华东师范大学 2016 年硕士学位论文，第 41 页。

解效果也会受到一定程度的影响。

同时，人民调解员的专业化、职业化受限。自周街道“老娘舅调解工作室”成立起，LQH 一直担任主任一职，退休的调解干部担任调解员，能基本满足调解工作室运转所需的人力资源。

> 我们一共五个人，社工是文职人员，不直接参与调解，然后剩下四个人，两个人负责窗口接待服务，每天都有大概七八档的人来，每个人大约要花半个小时的时间。他们也走不开，我总是要管的。开会什么的，还要跑居委会、跑法院。我们还有两个驻庭学习的，这些都是我们要负责的，根本没有人再能出去开展调解了。而且我们在街道里面工作的话，工作范围什么的也比较清楚。再说我们年纪也大了，要是有年轻人的话可以考虑。（周街道“老娘舅调解工作室”主任 LQH）

这表明，该工作室的调解员均为年长的退休工作人员，在承接街道的调解工作后，再无多余的精力开拓其他街镇和社区的调解工作。此外，本来应已退休的调解员在考虑自身身体状况和生活状况的基础上很难会选择增加自身的工作负担。从他们的现实和心理情况来说，“走出去”发展对他们的吸引力并不大。

另一方面是人民调解工作室面临的制度约束。作为街镇层面的社会组织，人民调解工作室在人员、资金、服务等方面均受到一定的限制，这在短时期内还较难突破。当然，在承接基层政府购买的矛盾纠纷化解服务时，业务主管部门的态度至关重要。

> 对于一些工作室提出承接外面的项目或服务的请求，我们也仔细探讨过了，主要有四个问题。第一个是纳税问题，这个比较好处理。第二个是影响问题，像 LQH 老师经常在外面跑，工作室办得也很成功，在全国都是有影响的，老百姓也非常认可，他自身的发展也会带来一些影响，也就是个人魅力问题，但其他工作室不见得如此。第三

个是自身发展和能力问题，如果你有信心在做好本街镇服务的情况下做别的工作，也是可以到外面去做的，社会组织的发展当然不仅局限于街道这一个发展范围。第四个是指引问题，鉴于调解类民非组织的快速发展，我们应该考虑做一个顶层设计，进行工作指引，如果大家有“走出去”发展的需求，那么我们就必须要有一个制度去规范它，不要等着以后发生了问题，我们再去反过来思考。（浦东新区司法局工作人员 ZHH）

可见，作为人民调解工作室的业务指导部门，司法局对做强、做大工作室还是持开放态度的，但从目前的实际情况来看，更多人民调解工作室还需要提高自身的调处能力以及规范化建设水平，然后才能寻求外向发展的机会，否则效果可能会适得其反。

总体来看，在社会转型与快速发展的过程中，基层的矛盾纠纷呈现多样化、复杂化的特征，但以居村人民调委会为代表的传统调解组织的发展有所弱化，其作用也受到了一定的限制。在创新社会治理的进程中，为进一步做实、做强、做优基层调解力量，上海在街镇层面探索成立独立第三方的人民调解工作室，政府以购买服务的方式推动作为社会力量的社会服务机构参与到基础矛盾纠纷化解中，弥补居村人民调委会的不足，持续推动人民调解工作的规范化、专业化和社会化发展。这也体现了国家治理理念的转变，并且有利于构建多元主体共同参与的共建共享共治的社会治理新格局。作为第三方力量，人民调解工作室专司街镇层面重大、疑难、复杂和跨地区、跨单位民间纠纷的化解。在这一过程中，一方面，政府的治理目标可以通过人民调解工作室的协调而变得更易被民众接受和认可，从而提高了基层治理绩效；另一方面，作为社会组织的人民调解工作室通过自下而上的利益表达和民意传送，又对政府的政策和决策产生一定影响，起到了联系政府与社会的桥梁作用。虽然人民调解工作室具有独立法人资格，也拥有体系化的调解内容和规范化的调解程序，但其自身存在路径依赖和能力限制，在制度环境方面也面临人员、资金、服务等方面的约束。这表明，人民调解的专业化、社会化发展之路还较为漫长。

第六章 拓展与“走出去”：矛盾纠纷化解中的专业化调解组织

在街镇层面的人民调解工作室纷纷建立的同时，区域层面的专业化调解组织也在快速发展。这表明推进人民调解工作，除了要夯实基层人民调解组织，也要推进专业性、行业性的调解组织建设，以不断满足日益增长的、复杂化的解纷需求。本章主要对上海浦东新区在区层面建立的专业性、行业性调解组织进行研究，剖析这些专业化调解组织的产生机制、服务内容与运作方式，以呈现出专业化调解组织的发展逻辑。

第一节 矛盾纠纷复杂化与专行业调解组织的发展

随着社会发展进程的加快，社会分工更加细化，矛盾纠纷化解涉及的领域越来越广泛，涉及的内容越来越专业，这对调解工作的专业化、调解员的职业化提出了更高的要求。为此，调解类社会组织的发展也呈现出专业化取向，即在居村调委会、街镇人民调解工作室之外，出现了更加强调专业性、行业性的人民调解组织，以构建更加完善的基层矛盾纠纷治理格局。

一、矛盾纠纷的专业化与行业化

经济社会的发展在一定程度上影响了社会矛盾纠纷的发展，也影响着矛盾纠纷化解方式的选择。长期以来，基层社会具有明显的熟人社会、关系社会的特征，居民彼此之间相互熟悉，将情感和关系亲疏作为相互联结的纽带，也作为为人处事的重要规则。因此，“老娘舅”成为化解民间矛盾纠纷的主要方式。“老娘舅”常为当地有地位、有威望的长者，他们凭借自身的影响力调解发生在家庭、邻里、社区居民之间的日常矛盾纠纷，并取得了较好的效果。城市化运动、现代科学技术和商品经济共同催生了陌生人社会，其为现代社会发展的必然趋势。[①] 但我国的这种社会变化和状态与西方的陌生人社会不完全相同，有学者称之为“半熟人社会”[②]：居民之间的熟悉程度降低，情感联系弱化，人际交往减少，在社会生活中更多使用和遵行明确的契约、规则行事。

如今，人们的行为诉求更加理性化。随着法治建设的推进和思想观念的转变，社会普遍的认知和解决问题的方式越来越偏向理性。传统调解面对矛盾纠纷时的主要考量是“息事宁人”，给双方一个“说法”；而现代的纠纷诉求越来越趋于理性化，不仅要“讲道理”，更强调要维护自身实实在在的权利。[③] 在这种情况下，当事人对调解的方式、程序、工作人员专业性甚至是调解组织的专业性提出了更高的要求，传统的“老娘舅”式的矛盾纠纷化解方式遭遇现实挑战，专业化调解组织的发展和建设则具有了更加广阔的空间。同时，在经济社会的快速发展和深刻变革过程中，利益格局深刻调整，导致各种专业性、复杂性突出的新型矛盾纠纷不断增加，不仅涉及传统的家庭、邻里之外的医疗、交通、劳动、金融、投资、知识产权等诸多领域，而且数量也快速攀升，很多甚至成为影响基层社会和谐稳定的热点、难点问题。

在此背景下，国家各部门相继出台了一系列加强人民调解在行业性、专业性矛盾纠纷领域发挥更大作用的政策文件。2009 年 10 月，人力资源和社会保障部、司法部等部门联合下发《关于加强劳动人事争议调解工作的意见》。2010 年 1 月，司法部等三部门发布《关于加强医疗纠纷人民调

---

① 何绍辉：《陌生人社会的治理——中国经验的表达》，《求索》2012 年第 12 期，第 216—217 页。

② 贺雪峰：《论半熟人社会——理解村委会选举的一个视角》，《政治学研究》2000 年第 3 期，第 61—69 页。贺雪峰：《半熟人社会》，《开放时代》2002 年第 1 期，第 114—115 页。

③ 郑杭生、黄家亮：《论现代社会中人民调解制度的合法性危机及其重塑——基于深圳市城市社区实地调查的社会学分析》，《思想战线》2008 年第 6 期，第 6—12 页。

解工作的意见》。同年6月，公安部、司法部等部门下发《关于推行人民调解委员会调解道路交通事故民事损害赔偿工作的通知》。2011年5月，《司法部关于加强行业性、专业性人民调解委员会建设的意见》（简称《意见》）发布，这标志着国家层面已经开始关注到行业性、专业性领域矛盾纠纷化解的严峻形势，从而提出了指导性的意见。《意见》指出：当前各种矛盾纠纷不断增加，呈现出复杂性、多样性、专业性和面广量大的特点，要以贯彻人民调解法为契机，加强行业性、专业性人民调解委员会建设，围绕党委、政府和广大群众关注的难点、热点问题开展工作，维护社会稳定，促进经济平稳较快发展。①

> 医疗纠纷调解部是我们调解中心最早成立的专业部门。我是学中医专业的，来到这里我本是抱着打发时间的心态来做的，但是没想到在这里真是觉得自己开了眼界，原来问题是如此的复杂。之前我们部门就接触到一个案子，就是一个女孩子才21岁，鼻梁很低就去做了整容手术，但是没想到，医院资质有问题，过了一段时间后鼻子开始肿大，女孩就又去医院修补，但是没修补好反而出现了呼吸困难的现象，最后女孩说自己怀有身孕被医院弄得流产了，医院解释说女孩流产是个人体质的问题，跟医院没关系，所以拒绝补偿。然后这个女孩就找到我们部门。我当时接到这个案子就觉得很棘手，因为我们真的无法判断到底是女孩个人体质问题还是医院真的存在过失。后来我们也是找了一些专家，经过多次论证后才把这个案子解决了，最后的结果就是我们发现这个医院确实存在操作不当的行为。（DF调解中心医疗纠纷调解部调解员YSD）
>
> 近些年来矛盾纠纷发展的趋势，首先就是国家对矛盾纠纷化解的重视，特别是专业领域的矛盾纠纷。之前我们做了一个数据调查，我们每个月要求各个调解组织把当月调解的案例报上来，有医患矛盾的、道路交通的，还有涉及金融业的。我记得当时我们是做了数据统

① 司法部：《司法部关于加强行业性专业性人民调解委员会建设的意见》，《人民调解》2011年第6期，第17—18页。

计，大概这个专业性和行业性的矛盾纠纷占到了一半多，60%肯定是有的。（浦东新区司法局工作人员 XHW）

可见，无论是国家政策推动还是矛盾纠纷的发展现实，均表明劳动争议、医疗纠纷、婚姻家庭、道路交通事故、物业管理、金融纠纷等特定行业和专业领域的矛盾纠纷大量出现，已经成为基层社会治理中不可避免的现实问题。国家政策的推动，尤其是对人民调解参与劳动争议、医疗纠纷和道路交通事故等领域的指导意见，已经成为重要的制度保障，进一步推动了人民调解工作在行业、专业领域的发展。同时，国家也进一步补充了人民调解力量，在居村、街镇调委会和人民调解工作室之外，增加了专调中心和专行业调委会，完善了人民调解工作格局。

二、专行业人民调解组织的建立

在国家和地方的推动下，浦东新区也积极加强专行业人民调解组织建设。2011 年 8 月，浦东新区司法局在市司法局的统一部署下重组医患纠纷人民调解委员会，深入探索和发展专业性人民调解工作。到 2015 年，物业管理纠纷人民调解委员会、道路交通事故民事损害赔偿纠纷人民调解委员会等先后建立。为了充分利用和整合调解资源，2015 年 12 月，经区府常务会议通过，浦东新区建立了全国第一个集成式专业调解平台“浦东新区专业人民调解中心”。专调中心把之前分散的各个专行业调解组织进一步集中到一个平台进行集中统一管理，这主要是针对需要成立的专业化人民调解组织越来越多，但某一领域成立的专业性人民调解组织由于发展力量薄弱普遍存在群众知晓度不高、经费保障不稳定、运作方式不相同、办公地点不聚集等问题。[①] 从社会组织的角度来看，个体组织为了积累资

① 上海市浦东新区司法局课题组：《专业性人民调解平台建设若干问题研究——基于上海市浦东新区专业性人民调解中心实践》，《中国司法》2017 年第 1 期，第 55—59 页。

源、实施影响或获得合法性，有加入联盟或走向联合的需要。[①] 之后，上海国际旅游度假区人民调解委员会、民商事纠纷人民调解委员会也相继组建。在2018年年底，浦东新区专调中心已有医调委、物调委、交调委、迪调委、民商事调委5个常驻调委会，该平台还有涉及知识产权纠纷、消费者权益纠纷、妇女权益保护、劳动纠纷、工伤纠纷、涉校纠纷等领域的行业性、专业性人民调解委员会37家，且这一规模还在不断扩大。具体名单如表6.1所示。

表6.1　浦东新区专行业调委会统计表[②]

序　号	专行业调委会名称
1	上海市金融消费纠纷人民调解委员会
2	上海国际旅游度假区人民调解委员会
3	上海银行业人民调解委员会
4	浦东新区医患纠纷人民调解委员会
5	浦东新区物业管理纠纷人民调解委员会
6	浦东新区物业管理企业协会人民调解委员会
7	浦东新区交通事故民事损害赔偿纠纷人民调解委员会
8	浦东新区知识产权人民调解委员会
9	浦东新区妇联人民调解委员会
10	浦东新区总工会人民调解委员会
11	浦东新区消费者权益保护委员会人民调解委员会
12	浦东新区工伤纠纷人民调解委员会
13	浦东新区个体私营经济协会人民调解委员会
14	浦东新区版权纠纷人民调解委员会
15	浦东新区计算机协会人民调解委员会

① 孙志祥：《枢纽型社会组织的双重属性及其治理》，《中国社会组织》2013年第8期，第48—50页。

② 根据浦东新区各人民调解工作室、调解中心调研资料整理而来。

续　表

序　号	专行业调委会名称
16	浦东新区商业联合会人民调解委员会
17	金桥经济技术开发区金桥开发园区总工会人民调解委员会
18	洋泾街道劳动人事争议调解委员会
19	金杨新村街道劳动争议人民调解委员会
20	金杨服饰城人民调解委员会
21	浦兴路街道金桥湾集贸市场人民调解委员会
22	浦兴路街道连城集贸市场人民调解委员会
23	浦兴路街道凌河集贸市场人民调解委员会
24	浦兴路街道长岛集贸市场人民调解委员会
25	花木街道劳动人事纠纷人民调解委员会
26	花木街道新博商区人民调解委员会
27	高桥镇（平邑县）来沪人员居住地人民调解委员会
28	张江镇劳动人事争议人民调解委员会
29	惠南镇市场建设服务所人民调解委员会
30	航头镇大麦湾工业园区人民调解委员会
31	南汇新城镇劳动人事争议人民调解委员会
32	嘉兴大厦汪敏君工作室人民调解委员会
33	沪东中华造船（集团）有限公司人民调解委员
34	上海汇众汽车制造有限公司人民调解委员会
35	上海胜华电缆（集团）有限公司人民调解委员会
36	上海浦东煤气制气有限公司人民调解委员会
37	上海森松压力容器有限公司人民调解委员会

浦东新区司法局提供的数据显示，从2013—2015年的全区调解数据来看，专业性、行业性人民调解组织化解纠纷已超过了同期调解总量的一半，2015年更是达到了62.1%。2016年，专调中心共受理各类纠纷1.205 1万件，成功调解1.171 7万件，调解成功率达97%，调解员年人均成功调解

纠纷数达 293 件，远高于上海和全国其他地方的水平。[①] 可见，专业化调解组织在矛盾纠纷化解中表现出的成效较为明显。之后，浦东新区不断加强专业性、行业性人民调解组织建设，鼓励、推动有关单位、行业、社会团体建立或联合建立涉民生领域调委会，如物业管理、消费者权益保护、工伤赔偿、妇女儿童维权保护、商务楼宇纠纷、劳动人事争议等领域的专行业调解组织，解决调处专行业领域矛盾纠纷的最后一公里问题。同时，结合上海科创中心建设，浦东新区巩固和发展知识产权人民调解委员会，并先后建立了版权纠纷调委会、计算机协会调委会和商业联合会调委会，在一定程度上弥补了法律的滞后和适用有难度等短板，为完善知识产权纠纷多元化解机制提供了实践经验。而且，对标上海国际金融中心建设和自贸区建设要求，浦东新区探索建立了上海金融消费纠纷人民调解委员会、上海现代服务业联合会人民调解委员会等，从而在金融服务业、信息服务业、流通性服务业、生产性服务业等多个领域进一步挖掘人民调解的工作空间，主动介入适合通过人民调解化解的服务业领域矛盾纠纷。

第二节　专业化调解组织的运作机制

专调中心的成立和发展是政策推动实施的结果，更是调处日益增多的复杂化、专业化矛盾纠纷的市场需求的结果。因此，专调中心的运作也必然受到政策和市场的双轮驱动，其在人员、资金及运作方式上具有政策、市场的双重印迹。

一、调解员队伍的专业化与职业化

随着新型矛盾纠纷以及专业性、行业性矛盾纠纷的大量出现，传统意义上的人民调解员在知识、能力等方面难以胜任。参与这方面调解工作的人民调解员不仅需要具备相关的专业知识和专业技能，还需要有对人民调解工作的热爱之心和持之以恒的信念。一般而言，专业化的调解员必须要

① 浦东新区司法局提供的资料。

有法律相关专业背景及工作背景，或丰富的调解经验，专门从事调解工作。[①] 为打造一支专业的调解员队伍，保障专调中心提供调解服务的专业性，与浦东新区多数街道层面推动成立的调解类社会组织不同，专调中心自成立之初就注重整合优秀和专业的调解人才资源，建立符合专业性、行业性矛盾纠纷化解需求的人才队伍。为打造专业化团队，专调中心开展了多项措施。

首先，通过社会招聘和专业化管理，专调中心吸纳了一大批拥有医学、行政管理、法学、经济学、管理学、保险学、金融学等不同专业领域专科及本科学历背景的专职调解员。

> 我们这里主要是通过招聘的方式组建队伍的，人员很稳定，而且基本都是专业的，其中有郑州大学的经济法学硕士，还有一个之前是在这个街镇社区里面担任居委会党总书记的，后来到我们这边来工作。我们这里各方面都是专业化发展的，我想这一点很重要，也是中心具有吸引力的主要原因吧。而且我们这边的法学硕士都是通过了法律职业资格考试的，本身就挺厉害的，专业性上有保障。（DF 调解中心物调部调解员 SY）

专调中心不仅在人员招聘上实现了社会化，而且在人员管理上更有独立化、体系化的管理制度。中心根据工作表现及考核结果将调解员分为助理、初级、中级和高级四个等级，并制定了相应的职业晋升制度，保障了员工的职业发展需求。此外，专调中心还定期邀请行业专家和资深调解员展开调解员培训，保障了调解员的专业性水平与持续进步。目前中心 5 个常驻的调委会共有专职调解员 68 名，他们的学历，有专科的、本科的乃至硕士的，平均年龄为 32 岁。专调中心调解员队伍的多样性、年轻化改变了以往调解组织以退休干部为主的常态局面，社会招聘、考核及晋级制

---

① 熊易寒：《人民调解的社会化与再组织——对上海市杨伯寿工作室的个案分析》，《社会》2006 年第 6 期，第 95—116 页。

度和职业培训则提升了调解员的专业化水平。表6.2为专调中心物调部工作人员信息统计表。

表6.2 物业纠纷调解部调解员信息表

姓名	性别	年龄/岁	政治面貌	学历	专 业	从事纠纷领域
SY	女	34	群众	本科	法学	物业管理纠纷
DY	女	25	团员	本科	法学	物业管理纠纷
DYQ	女	49	群众	本科	日语	物业管理纠纷
HCJ	男	26	群众	本科	日语	物业管理纠纷
LY	女	24	团员	本科	经济法	物业管理纠纷
YJJ	男	37	党员	专科	经济与行政管理	物业管理纠纷
SMF	女	56	党员	专科	经济与行政管理	物业管理纠纷
MXH	男	41	群众	专科	经济管理	物业管理纠纷
KXL	女	49	群众	专科	管理工程	物业管理纠纷
TLJ	男	22	群众	专科	数控技术	物业管理纠纷

资料来源：DF调解中心内部资料。

其次，专调中心通过整合社会资源建立专家库，为调解工作的顺利开展提供了专业保障。中心通过招聘兼职调解员的方式为驻中心的各调解部门建立了一个专家库，为调处专业性、行业性矛盾纠纷尤其是疑难纠纷提供权威支持。其主要成员为法学、心理学、医学领域的大学教师、专业律师、行业专家等。中心还通过招募的方式，使200多名职业律师组成的特邀调解员队伍，以及2 000多名心理学、医学、金融、法律等专业人士组成的专家库，参与到疑难纠纷的调处中去。当前，专调中心专职调解员队伍建设呈现年轻化趋势，部分专职调解员更是从学校直接进入调解工作岗位的，对调解的专业知识、技巧等方面还较为欠缺。兼职调解员之间的“传帮带”，正好有利于弥补专职调解员们在职能、技能、经验上的相对不足。

最后，专调中心的部分职位由政府工作人员兼任。值得一提的是，即便专调中心在人员招聘和培训上享有较大的自主权，但通过制度嵌入、组织嵌入等方式，司法行政部门仍然能实现对这一社会组织的监督和管理。

专调中心负责实际运作的主任，同时是中心监事组主要成员之一，也是政府司法行政部门专调办的主任。这实际上反映出作为独立化、专业化社会组织的专调中心与政府部门之间的内在关联。身份的多重性，除了能对专调中心进行监督、管理之外，更重要的是能够通过与政府紧密联系的方式链接更多资源，从而更好地利用制度资源促进专调中心的发展。这在众多社会组织的发展初期也是较为常见的一种现象。如前所述，作为社会服务机构的人民调解工作室的负责人很多也是政府部门的退休人员，拥有体制背景。

二、资金来源有限多元化

《中华人民共和国人民调解法》规定，人民调解委员会调解民间纠纷，不得收取任何费用，县级以上地方人民政府对人民调解工作所需经费应当给予必要的支持和保障，村民委员会、居民委员会和企业事业单位应当为人民调解委员会开展工作提供办公条件和必要的工作经费。因此，我国的人民调解是“不收费”的，其定位是具有较强公益属性的社会服务。居村调委会等基层人民调解队伍基本由兼职人员组成，如居（村）委会工作人员、社区热心群众等，且基本没有专业经费支持。[①] 与此同时，随着专业性、行业性矛盾纠纷的发展，发展专业化、职业化的人民调解员队伍则需要专业的经费保障。总体来看，浦东新区专调中心的经费主要还是来自政府购买服务的项目经费。但与此同时，专调中心也在不断开拓市场，其他部门购买中心服务的经费也在逐渐增多。

目前我国相当一部分的社会服务是由政府购买和提供资金支持的，承接社会服务的社会组织对政府具有较强的资源依赖性，这使得两者的关系“先天”就不是“平等关系”，而是一种“依附关系”。[②] 多数社会组织又很难摆脱这种资源依赖，尤其是在其成立之初，政府购买服务提供的资金

---

① 廖永安、刘青：《论我国调解职业化发展的困境与出路》，《湘潭大学学报（哲学社会科学版）》2016 年第 6 期，第 47—51 页。

② 文军：《中国社会组织发展的角色困境及其出路》，《江苏行政学院学报》2012 年第 1 期，第 57—61 页。

往往是其发展的唯一可依赖资源。专调中心的发展也是如此。2017 年 8 月，为推动专调中心的成立，浦东新区人民调解协会作为发起人出资 10 万元，之后以政府购买服务的形式，以每人每年 6 万元额度予以经费保障。专调中心自主掌握着财务的使用权和管理权。政府购买服务的资金需要用来支付调解员薪资、办公场地租赁费、水电费及办公用品费用等。但政府购买服务仅针对民生类纠纷，如物业纠纷、医疗纠纷和交通纠纷等。这显然不能从根本上满足巨大的解纷需求，这使得专调中心的服务面临供给瓶颈。

因此，专调中心也在利用市场机制，通过购买服务项目的方式为其他部门提供专业服务。2017 年 10 月，专调中心与三林镇杨思社区党委、世博家园社区综合办公室签订《政府购买社会组织公共服务项目合同》，为两大社区辖区内的居民区提供换届改选期间所涉及的法律咨询、纠纷调解服务。2018 年 3 月，专调中心为金桥镇社建办提供服务，对其辖区内的调解员进行物业纠纷领域的业务培训。同月，中心又与惠南镇房屋管理办事处签订合同，协助处理新区市民服务热线所涉该辖区的物业纠纷工单，在处置中定期于镇政府召开联席会议，就部分群体性纠纷进行摸排分析。2018 年 4 月，中心与曹路镇房管办签订合同，为该辖区内小区提供法律咨询服务、调解业务培训、纠纷预防以及纠纷调解服务。2018 年 7 月，中心先后与塘桥街道办事处、金桥镇人民政府签订合同，重点服务内容包括小区业委会组建、换届改选法律咨询、矛盾纠纷调解，以及居民区配套附属设施设备整新项目的介入。

同时，区工商业联合会也向中心的民商事纠纷调解部购买服务，为其会员单位提供专业化的调解服务。这些都是专调中心利用市场机制扩大和发展中心业务、不断拓展资金来源、试图突破组织发展资源限制的体现。但这还不能算是真正的多元化，更多只能是服务部门、服务范围均有限的多元化。

三、运作方式社会化与准市场化

成立之初，专调中心将自身定位为枢纽型社会组织，具有较强的整合性。“让同领域的公共资源集中共享，有利于对资源进行合理规划和有效配置，避免重复投入与建设，降低其他调解组织的运作成本，使各调解组织能够各就其位、各得其所，各取所长、各尽其能。”① 枢纽型社会组织的主要功能是提供社会组织孵化和发展的平台，起到集约、引领、联合、发展的作用，同时需要政府资源的支持，所以一般带有较强的体制内社会组织的特点。浦东新区专调中心符合矛盾纠纷专业化调处的需求，同时也具备了枢纽型社会组织的多项优势，如培育孵化、集中管理、节约资源、协助指导等。但与此同时，这种特性也对其在矛盾纠纷化解领域中的作用发挥有所影响。

> 如果理事会的SD老师在的话，我觉得他肯定也会认同我的想法——专调中心要真想干点儿实事，而不是为了面上的好看，运作起来没有法人治理是不行的。简单来说，我的想法就是，社会组织要想发展壮大，或者退一步说想要独立自主的话，还是需要成立民非组织，不然你调解员都没法聘，钱都没法出，也没有办法去承接政府的购买服务，财务方面也会不自由，想干点儿什么都受到很大的限制。当然我们也是经过一系列的调研，才发现这个社会组织作为第三方真的是可以做这件事情的，事实也证明这种方式非常好，因此我们中心发展得非常迅速。（DF调解中心理事会负责人YZ）

与此同时，在政府和社会服务机构之间游走的枢纽型社会组织的发展弊端日渐显现，如管理上受到严格限制、自主性欠缺、严重依赖政府财政、社会化不足等，制约了专调中心在专行业矛盾纠纷化解中作用的进一步发挥。为此，浦东新区人民调解协会作为发起人，在整合专解中心可利用资源的基础上，于2017年8月组建并登记成立独立第三方社会组织——DF调解中心。这使得专调中心能够以更加独立、自主的身份规划并开展矛盾纠纷化解工作，以更好地满足行业性、专业性矛盾纠纷的化解

① 上海市浦东新区司法局课题组：《专业性人民调解平台建设若干问题研究——基于上海市浦东新区专业性人民调解中心实践》，《中国司法》2017年第1期。

需求，推动专业化人民调解组织的进一步发展。而且，不同于物业纠纷、医疗纠纷、交通纠纷等领域的矛盾纠纷化解，专调中心在物业纠纷化解、商事纠纷调解方面逐渐走上了一条准市场化的发展道路。上一节已论及物调部积极走出去承接社会购买服务，这里不再赘述。民商事纠纷调解部于2017年在浦东新区法院诉调对接中心、陆家嘴法庭、惠南法庭、川沙法庭、自贸区法庭等开展诉调对接和民商事纠纷调解工作，法院将适合调解的、法律关系简单的、涉案金额较小的纠纷按照当事人自愿原则移送给调解中心。目前民商事纠纷的调处案件主要来源于各个法院的委托，按照案件标的大小收取一定的费用。

除了工商联固定的会员单位外，我们主要是依靠法庭，靠法庭吃饭。现在很多法庭里边都有五六个调解机构，有的是公益性的，有的是像我们这样半公益性的，有的是个体户，也可能是律师事务所这类的，大家都在抢一些标的大的案子。我们现在按照案件标的大小收取一定的费用，商事是20%的诉讼费，民事是10%的诉讼费。现在我这个部门是这样的，因为调解员的工资基本上都很低的，按照工作绩效，你收的钱记你账上，他收的钱记他账上，当然还有公共使用的部分，减去公共使用的部分，剩下的就是调解员个人的业绩，这其实在很大程度上激励了调解员。但是我们收取的费用依旧很低，因为我们国家本来诉讼费就很少，再加上我们也只是收取20%而已，所以整体上还是很低，主要是为了激励调解员。（DF调解中心商调部调解员TZQ）

关于中心未来的发展，其实这个专行业领域的矛盾纠纷真的发展得非常之快，我在很久之前就考察过，所以当时中心建立的时候，他们就问我这个办公室怎么弄，我说就按照律所的标准来，一个个的小隔间，我相信不久之后我们也会发展成那样。关于市场化运作，我们主要是在自贸区开展商事调解，地址和领域选择肯定是有特殊性的，这个地方和这个领域都是不缺钱的，重要的是需求比较集中的地方。我们和上海经贸商事调解中心以及这个服务联合会建立合作关系，通过招聘汇集一些优秀的调解员，把这些人分等级、分领域进行划分，

然后根据市场规则制订收费标准，让有需要的人自己选然后支付一定的费用。(DF调解中心监事组负责人SH)

可见，目前专调中心在物业管理、民商事纠纷调处等领域表现出了明显的市场化倾向，通过主动承接社会购买服务项目，以专业知识和专业服务参与市场竞争。有学者从市场经济和人民调解的契合性角度对此给出了一定解释，市场经济属于社会自治经济，而人民调解作为一种自治性的纠纷解决制度，属于社会自治的范畴，因此两者具有极大的契合性。[①] 其他研究也认为，尽管《人民调解法》明确规定人民调解不收取任何费用，但社会购买服务与之并不矛盾。社会购买服务的实质是原本需要设立人民调解组织的社会组织，考虑到成本收益问题，采取加盟专调中心等方式，将设立经费等支付给调解中心，由调解中心统一提供调解服务。[②] 这有利于推进专调中心这类人民调解组织向更加专业化的方向发展。

第三节　专业化调解组织的职能发挥

针对当前社会主要领域的矛盾纠纷，专调中心均组建了不同的调委会专门应对。鉴于这些调委会的职能发挥方式具有相似性，因此这里不一一展开叙述，本节将主要以物业纠纷调解部为例，呈现专调中心的运作特点。

一、物业管理中的矛盾纠纷化解

物业纠纷调解部受理法院移送的物业服务合同纠纷案件，区建设交通委员会、区物业管理中心、各街镇房屋管理办事处以及各街镇转接和报送的疑难复杂类纠纷案件。总体而言，主要有如下几方面：

第一，承接来自法院的物业合同纠纷调解案件。物调部受理来自区法

① 韩波：《人民调解：后诉讼时代的回归》，《法学》2002年第12期，第45—48页。

② 浦东新区司法局课题组：《专业人民调解工作经费保障社会化问题初探——基于上海市浦东新区专业人民调解中心实践》，内部资料。

院委托的物业服务合同纠纷。为了纠纷案件的顺利委托和司法确认的顺利开展，专调中心和法院建立了联络员制度。

> 我是专调中心的调解秘书，平时在工作中并不会直接参与案件的调解，因为我们的很多案件都是需要跟法院、派出所合作的，但是调解员们平时光调解案件已经比较忙碌了，所以我的职责就是统筹协调，如委托案件交接、协调、结案等程序，促进案件紧密推进，具体的就是说可能还涉及调解时间和地点的安排，然后等到一个案件结束了，将有关的材料进行归档和信息录入。(DF 调解中心秘书 YC)

可见，在这个调解进程中，专调中心设有专门的调解秘书负责案件的具体落实和调解流程的推进。同时，调解中心物调部也相应设立主任一名，主要负责委托调解和司法确认工作的统筹及与法庭之间的协调。另外，区法院再设分管领导一名，就调解工作负责与专调中心进行沟通与协调。为确保工作的持续开展和有序进行，每季度最后一周左右的时间由专调中心与法院召开联席会议，双方就纠纷调解过程中的变化进行交流，以保证工作的顺畅衔接。在调查中发现，调处来自法院的物业合同纠纷调解案件占到专调中心物调部日常工作的很大一部分。委托调解不仅是矛盾纠纷的转移，在一定程度上也有利于减轻司法部门的工作负担，这从一个侧面也说明了专调中心及物调部的专业性已经获得了有关司法部门及机关的认可。

第二，承接辖区内各街镇移送的疑难纠纷案件。按照制度设定和有关文件要求，浦东新区本应形成“区级物调委+街镇物调委+居村物调委”三级联动的调解网络和调解机制，但实际上该网络和机制并没有发挥应有的作用，尤其呈现出基层调委会脱节现象。这在前文分析街镇、居村调委会的时候已经有所涉及。街镇、居村等基层调解组织成员往往不仅集调解、信访、综治等多重职责于一身，也经常面临转岗、调岗等问题，这显著影响了基层调解组织的稳定性和专业性。因此专调中心为购买物业纠纷调解服务的街镇提供相应的调解服务，其具体内容包括物业管理的矛盾调处服务、政策咨询服务和法律宣传服务。通过这个调处过程，实质上专调中心既为街镇提供了矛盾纠纷化解的具体服务，也为推进物业管理规范化、业主大会及业委会的议事规范以及小区综合治理贡献了重要力量。

> 为什么物业纠纷这几年愈演愈烈呢？一方面是国务院颁布的《物业管理条例》已经很陈旧了，虽然中间有过一些修订，包括取消物业管理公司的资质还有等级评定，但是涉及业主大会、业委会的一些关于自治共治的制度是完全没有的。受限于立法的相关要求，上海作为地方也不能出具详细的规定，所以这些方面都是空白，我们现在处理的很多都是关于业委会管理不到位、成立不合法、不作为等纠纷。还有就是像我们的物业管理、业主大会等制度最开始都是从国外引进的，国内好像是从深圳那边开始的，其实对我们而言是“水土不服”的。近些年，我们也一直处于适应的状态，我觉得这些都是跟观念什么的紧密相关的。尽管文件上规定小区必须成立业主大会或者业主委员会，但实际上真正运作的又有几家呢？所以这里面的问题很多，那么我们要做的其实就很多了。（DF 调解中心物调部调解员 SY）

因此，社会调解组织在化解物业矛盾纠纷方面具有巨大的发展空间，专调中心主要的作用方式表现为以下两方面：一方面，化解物业纠纷，构建和谐小区。专调中心物调部利用其专业知识与方法化解住宅小区物业疑难纠纷，与行政部门一起推动疑难复杂、群体性矛盾纠纷化解，促进住宅小区的和谐建设并指导业委会决策，强化业委会功能。业委会是居民自治组织，是居民连接物业公司的重要纽带。然而，目前我国社区业委会建设及自治情况不佳，法律意识淡薄，造成物业纠纷的增加与激化。专调中心通过介入业委会的建设，参与指导业主大会成立、业委会改选、物业公司解聘和选聘、提供法律咨询和指导等工作，推动住宅小区业委会自治建设，妥善处理与物业公司的关系，有效保证了住宅小区公共事务的良好运行和建设。另一方面，举办法律讲座，为居民提供法律咨询服务。浦东新区内住宅小区类型多样，如售后公房、动迁安置房、商品房、别墅等，居民素质参差不齐，纠纷类型多种多样。为减少矛盾纠纷的发生，专调中心向购买服务的小区提供物业纠纷咨询和普法宣传服务，引导居民合理认识物业纠纷及其相关法律法规，提升居委和业主大会专业化管理水平，提升住宅小区矛盾纠纷的自我消解能力。

第三，访调对接。2015 年 12 月，浦东新区司法局、区建交委联合发文《关于建立物业管理纠纷人民调解工作与信访工作衔接机制的通知》，该通知中明确了以信访方式提出的属于民事纠纷性质的物业管理纠纷委托人民调解应当遵循自愿、合法、有利于化解矛盾纠纷的原则。信访部门在征得当事人的同意后，可将适合人民调解的物业纠纷移送给相应的社会组织进行调解。因此专调中心也与购买物业调解服务的各街镇房屋管理办事处建立了访调对接机制。此外，2016 年 8 月，上海市印发了《关于推动本市区房屋管理职责下沉街道工作的指导意见》，正式启动区房屋管理办事处下沉街道工作，因此街道层面能够掌握更多房屋管理的权限，同时物业纠纷等相关问题也需要在街道层面处理和化解，这为专业化调解组织在街镇的发展提供了巨大发展空间。

二、其他领域的矛盾纠纷调解

作为独立第三方社会组织，专调中心的主要职责是在当事各方自愿的基础上，依法调解医患、物业管理、道路交通事故民事损害赔偿、投资贸易、金融、知识产权、房地产、治安、轻伤害、劳动争议等各类民商事纠纷，推进专业性、行业性矛盾纠纷的有效治理。他们在职能发挥方面存在类似的特性。

如前所述，在专业性、行业性矛盾纠纷化解领域，浦东新区最早设立的是 2006 年年底成立的医调委（医患纠纷人民调解委员会），这是上海首个专门受理医疗纠纷的调解组织。2011 年 8 月，区司法局在上海市司法局的统一部署下重组医调会。之后，2015 年先后建立物调委（物业管理纠纷人民调解委员会）、交调委（道路交通事故民事损害赔偿纠纷人民调解委员会）。专调中心也在 2015 年年底成立。2016 年 9 月，浦东新区启动建立迪调委（上海国际旅游度假区人民调解委员会）。2017 年 1 月，浦东新区建立工商联调委会（工商联民商事纠纷人民调解委员会）。同时，针对银行、金融领域的矛盾纠纷调解机构也陆续建立起来。2015 年 5 月，上海银行业纠纷调解中心成立，这是在银监会支持下，上海银监局和上海银行同业公会成立的全国首家独立第三方的银行业纠纷调处中心。2017 年 3 月，上海市证券、基金、期货业纠纷联合人民调解委员会成立。这两个调委会的成立主要是为加强金融消费者权益保护工作，构建更加多元的金融纠纷处理机制。针对家庭矛盾纠纷涉及的内容越来越专业化，浦东新区还于 2018 年 2 月建立了婚姻家庭纠纷人民调解委员会（简称“家调委”）。这由区妇联、司法局、人民法院、民政局等部门共同组建，为全市首家成立的专业化家庭纠纷调解组织。家调委在成立的同时即入驻区专调中心，并分别依托东方调解中心驻妇联信访接待窗口、驻法院（六里、外高桥、陆家嘴、惠南、周浦 5 个法庭）的调解工作室，开展婚姻家庭纠纷调解工作，配备专职调解秘书，形成访调对接、诉调对接工作架构。

案例 1： 2017 年 8 月 1 日，浦东新区高青路某小区 1001 室突发火情，因无人在家，未及时制止，造成火势蔓延，后经消防施救扑灭。因消防队员在施救过程中，使用高压水枪灭火，其间产生大量水，并蔓延至同幢楼相邻的其他 6 位业主家中，造成 6 位业主家中地板、防盗门翘裂变形、空调外机损坏等，合计损失数十万元。其中 3 名业主家中进水严重，影响日常生活。因纠纷悬而未决，且 6 名业主中有 5 人均为 65 岁以上老人，这一意外事件严重影响了他们的生活。在居委会数次调解未果的情况下，数人多次向政府有关部门反映。为防止纠纷趋激，2017 年 10 月 24 日专调中心受理此纠纷。

案例 2： 2018 年 2 月 27 日，在上海国际旅游度假区迪士尼乐园安检口和检票口之间的广场处，当事人甲方 1 赵某、甲方 2 霍某（园区保安）发现当事人乙方隋某（园区“黄牛”）贩卖门票，故上前询问要求其配合，在将乙方隋某带至宣传教室的过程中，双方年轻人因为血气方刚、嘴上不饶人，继而引发了肢体冲突，造成甲方 1 赵某、乙方隋某受伤。甲方 1 赵某经验伤确定为：右小指外伤。乙方隋某先后接受了三次会诊并验伤确定为：头部外伤、头痛、头晕、软组织损伤、3根肋骨不完全性骨折。2018年3月17日，双方当事人自愿委托上海国际旅游度假区人民调解委员会进行调解。

这两个案例均是专调中心调处专业性、行业性矛盾纠纷的典型案例。在案例1中，专调中心受理该纠纷后，两名调解员立即赶至纠纷现场实地查看并调查情况，在当地居委会的召集下，与受到损失的业主们进行沟通，以便及时掌握他们的调解需求。调解员在用专业知识估算实际损失的同时，注重安抚老年业主们的情绪。同时，联络受损方业主、房屋所有权人、承租人等到场参与调解。在听取双方各自表达了自己的诉求后，针对业主们所要求的赔偿金进行调解。尤其是根据《中华人民共和国侵权责任法》的规定，以及《火灾事故认定书》和《房屋租赁合同》的认定内容，为房东和业主剖析法理，厘清各自责任。最终，起火房屋的房东王某与承租人张某自愿分别承担40%、60%的赔偿责任，并与其他受损业主们签订了赔偿协议。在案例2中，调委会与公安处联动配合，为调解工作提供了有力保障。尤其是在受伤的当事人情绪激动、试图将矛盾扩大影响并引起社会关注时，调解员第一时间介入，主动调解，以控制局面。同时，迪调委工作人员联同公安大队长到园区保安公司走访，针对赔偿问题征询保安公司的意见。保安公司负责人听了调解员的规劝之后，认可了调解员的方案，给予隋某适当的赔偿金额。这两个案例虽涉及的纠纷内容不同，但都遵循了专业化矛盾纠纷的调解程序与原则，从纠纷受理、纠纷调查、听取诉求、厘清责任、寻找突破口到达成调解协议，将情、理、法有机融合，从而将矛盾纠纷化解在萌芽状态，维护了基层社会和谐稳定。

第四节 风险治理专业化及其可持续发展

在调解服务社会化的基础上，专调中心寻求的是矛盾纠纷的专业化调处。这主要体现在矛盾纠纷化解的多元化、调解员的职业化、调处流程的规范化，以及信息化调处技术的应用等方面。与此同时，专调中心也面临着“必须走出去”的可持续发展问题。

一、矛盾纠纷化解的专业化趋向

专调中心参与专业性、行业性矛盾纠纷调处，是实现化解矛盾纠纷多元化的重要表现。人们在日常生活中遇到诸如邻里纠纷、家庭纠纷等问题时，可以向街镇调委会、居村调委会及楼组长等群体和个人寻求帮助，专调中心招聘具有不同专业、行业背景的全职调解员，以标准化的调解流程和专业化的调解方法为人们提供专业的矛盾纠纷化解服务。长期以来，人们在遇到医疗纠纷、交通纠纷、民商事纠纷时，更多寻求司法行政机关及相关资源的帮助，专调中心的成立则提供了一个更加便捷、高效、专业的调解组织和选择途径。

> 以前法院和公安部门都不认可我们的，不过经过我们的发展，现在他们觉得我们这里的调解质量以及调解协议书已经是无可挑剔的了，对我们的信任自然也就增强了。（DF 调解中心监事组负责人 SH）

专调中心作为独立第三方的专业化力量和身份参与矛盾纠纷化解，逐渐获得了矛盾纠纷当事人和司法行政机关的认可，并被作为越来越重要的首要选择。

调解是一个不断与人进行互动、交流、沟通、博弈的过程，其面临的环境和情况较为复杂，且随时可能发生变化。街镇调委会和居村调委会的当事人主要是在附近居住的居民，即便不认识也会因为地域关系而产生情感、地域联结的纽带，调节中虽然是情理法的综合运用，但有时情占据更重要的位置。而专业性、行业性矛盾纠纷调处中面对的调解当事人来自全区甚至全国各地，很多当事人彼此间完全无直接联系，专调中心在调处中虽然也是情理法并用，但更多需要依靠专业知识和专业技能，展现出了具有明显专业特色的调处规范和流程。为此，专调中心制订相应的《调解规则》，对咨询接待、申请受理、调查、调解、回访等各个环节明确了操作流程和调解指引，并要求工作人员使用中心研发的调处系统，将每一起纠纷的文书独立成档，录入信息系统，以备查阅。此外，调解中心注重调解员的职业操守和道德规范，要求调解员严格遵守保密原则，保护服务对象的权益。

专调中心在强调调解程序规范的同时，更注重调解方式的专业化。通过对专调中心多起案例处理方式的归纳，可以总结出以下要点：情绪安抚为先，注重信任关系的建立；多方征求充分收集材料，征询当事人意见；制订调解方案，循序执行调解程序；当事人自决，签订调解协议。这一套注重调解前准备、调解中当事人情绪和自决的调解步骤充分体现了调解手段的专业性。在调解完成后，则更加注重调解的效力和执行。按照调解规定，生效的调解协议具有民事合同性质，当事人应当履行。对其中具有给付性质的内容，当事人可以根据《中华人民共和国民事诉讼法》和相关司法解释的规定，向有管辖权的基层人民法院申请支付令，申请书应当写明请求给付金额或者有价证券的数量和所根据的事实、证据并附调解协议原件。当事人可以申请司法确认，即有管辖权的人民法院确认调解协议的效力。对于有给付内容的调解协议，当事人也可以根据《中华人民共和国公证法》的规定申请公证机关依法赋予强制执行效力。债务人不履行或者不适当履行具有强制力的公证文书的，债权人可以依法向有管辖权的人民法院申请强制执行。双方当事人还可以在调解协议中约定仲裁条款并选定具体的仲裁委员会裁决确认调解协议的效力。

近年来，专调中心也日益注重在调解中运用信息化的技术手段。随着社会的发展，信息技术已经渗透在工作和生活中的每一个角落。专调中心在化解矛盾纠纷的过程中注重信息化操作以提升调解效率。专调中心开发和使用专业纠纷排查调处系统，对受理的每一起纠纷独立成档，并由专门工作人员录入各环节的信息，以备查阅和统计。同时，对于民商事领域、证券基金期货领域等当事人可能是跨区域的矛盾纠纷案件，专调中心也组织当事人各方进行网络调解、远程调解等。此外，为进一步扩大调解组织的社会影响力，增强人们更好地获取调解服务的便捷性，浦东新区不断深化网络技术在矛盾纠纷化解过程中的运用，从 2017 年开始设计了手机客户端软件——DF 调解，该软件集矛盾纠纷排查、调处、分析、评估等功能于一体，使人们能随时随地利用手机搜寻调解组织和调解资源，从而高效便捷地获取调解服务。但从实际运行情况来看，这一调处系统的知晓度不高且使用人数相对有限。这需要调处系统的持续优化，尤其是要聚焦在矛盾纠纷的发现、上报和调处力量的配置上。之后的调处过程将涉及更多的交流和互动，线下调处则具有明显的比较优势。

二、专业调解组织的可持续发展

以专调中心为代表的专业化调解组织虽然是在政府的推动下成立的，但其运作过程呈现出逐渐从被动走向主动、从准科层化走向准市场化的特点。专调中心在成立之初非常依赖财政的资金支持，但随着该组织的发展，财政支持将会逐渐减弱。专调中心通过聘请专业调解员并对其进行专业化和职业化培训，在化解矛盾纠纷中呈现出良好的效果，从而有效维护了社会稳定。但面对快速发展的趋势，专调中心必然面临业务扩张中的财务可持续性问题。因此，专调中心必须充分发挥专业性“走出去”拓展业务，在物业管理纠纷、民商事纠纷等社会需求大的市场中寻找更大的发展空间。如前所述，目前专调中心已经在这些调解方面展开了社会购买服务的探索和实践，并取得了一定的效果。

> 专调中心是区司法局为了专行业领域矛盾纠纷化解主要培育的，中心的运作经费占用了很大的财政支出，估计明年是不可能有这么多的经费提供给我们了，所以接下来的发展比较具有挑战性。（DF 调解中心监事组负责人 SH）
>
> 我们目前受理的纠纷，多数是来自法院，这不仅限制了物业调解的作用发挥，也限制了我们的发展空间，我们也很难留住优秀的调解员，如果你总是去找一些退休的调解员的话，也很难实现专业化。当然我不是说这些退休的调解员不专业，只是优秀的调解员不是说你想招就能招来的，必定是需要一个好的发展环境以及一个上升空间，所以说我们自己也要不断地走出去，自谋发展。（DF 调解中心物调部调解员 SY）

同时，专调中心的调解员虽然在组织内部接受的是专业化、职业化的培训，但是在法律和社会层面，调解员的职业身份并没有得到认可。

> 目前，专调中心难以招到优秀的调解员，即使招到也很难留住他们，尤其是年轻的调解员。首先社会上并不是很认可调解员这个职业，总觉得是非常低廉的，就像社区的“老娘舅”一样，靠人情和面子给人说合说合一些家长里短的事情，总是上不了台面，所以我们也很难找到人。然后就是这个国家对调解员的认可问题，都在推进调解员职业化、专业化，但是没有人认啊，现在我们调解员中通过司法考试的有10%，但是这些人在我们这里当调解员都不算职业年限的，司法部自己都不认调解员职业化。所以我们最大的希望就是将人民调解员纳入法律职业序列，调解工作时间也算法律执业年限，这样的话这个工作的吸引力可能会大很多。(DF调解中心监事组负责人SH)

因此，目前人民调解员职业化发展在法律和现实中面临身份认同的双重困境，使调解员队伍难以吸引优秀的人才加入，同时也会造成现有调解工作人员的流失，进而使得专业化调解组织的可持续性发展遭遇人才危机。

相关研究也表明，当前的人民调解存在一定的泛化倾向，即除了传统的婚姻家庭、邻里纠纷之外，物业纠纷、劳动纠纷、经济金融纠纷、行政执法纠纷等越来越多的内容被纳入人民调解工作中，使得人们在一定程度上混淆了司法调解、行政调解、人民调解等多元调解类型的法律地位和个性特点。同时，人民调解也存在一定的公益化困境。按照相关法律规定，人民调解委员会是依法设立的调解民间纠纷的群众性组织，不收取任何费用。面对矛盾纠纷频发且日益复杂化，专业人民调解在发挥巨大作用的同时面临人、财、物等多方面困境。这势必影响人民调解在矛盾纠纷化解中的作用发挥。除了体制上的变革之外，也需要在机制上入手，从法律政策层面探索建立以政府支持为主、纠纷解决行业收费为辅、公益性和市场化运作相结合的经费保障机制。还需要进一步深化专调力量，将专调中心打造成各类疑难杂症的专家解决平台和更多专业调解组织的孵化基地。同时，以专业化促进社会化，引导发展成熟的人民调解组织逐步走向市场化，使其依靠自身专业能力在市场中平等竞争，促进人民调解组织的可持续发展。

综上所述，在社会快速发展的过程中，随着利益格局的深刻调整，人们的诉求更加理性化和个体化，矛盾纠纷更加专业化和复杂化，尤其是各种专业性、行业性矛盾纠纷不断增多，成为影响社会基层稳定的重要因素。由此，各种专门调处专业性、行业性矛盾纠纷的专业化调解组织开始建立并快速发展起来。浦东新区的专调中心是这种专业化调解组织的一个典型，受到政府和市场的双轮驱动，专调中心的发展明显具有政策、市场的双重印迹。其在发展中会得到行政部门的支持，也会受其干预乃至限制，但在人员配置、资金使用、专业服务等方面越来越体现了更多的自主性。其调解员队伍呈现出专业化与职业化状态，资金来源具有有限多元化的特性，组织运作呈现出社会化和准市场化状态。当前，包括专调中心在内的人民调解组织均存在一定的泛化倾向和公益化困境，这需要我们在体制、机制层面进一步探索，使得专业化调解组织能够在矛盾纠纷化解的整体格局中发挥更加重要的作用。

第七章　层级嵌套：矛盾纠纷化解中的组织联结与网络构建

经过多年发展，浦东新区的人民调解工作逐渐形成了“区—街镇—居村”三级调解网络，从而形成了人民调解组织参与矛盾纠纷化解的整体合力。其中，人民调解工作室处于较为关键的位置，它不仅在业务上主要负责街镇层面的重大、疑难性矛盾纠纷化解，而且在三级调解网络中扮演承上启下的角色，在处理与区、街镇、居村等不同层级调解组织的关系中，逐渐将各类调解组织有机联结起来，通过多种工作机制使得社会组织参与到国家的社会风险治理体系中来。因此，第七、八两章主要对人民调解工作室展开深入考察。本章将剖析人民调解工作室在人民调解系统中的纵向工作网络，力图探讨人民调解组织是如何与不同层级的国家行政体系联系起来，从而发挥社会组织在基层风险治理中的作用的。

第一节　规制与约束：区司法局与调解工作室

浦东新区人民调解的“三级网络”是一个上下联动的工作体系，同时，在每一层级又形成了政社协同的工作格局，即由政府有关部门和人民调解组织共同参与社会矛盾纠纷化解，形成政府与社会力量联合共治的风险治理格局。其中，区级层面主要由司法局统领和部署全区的人民调解工作。总的来看，区司法局对人民调解工作室的调解工作进行规范与约束，人民调解协会和专业人民调解中心则代表社会力量共同参与该区人民调解工作的组织和执行，它们与人民调解工作室之间也存在合作的关系。

一、司法局与区级人民调解组织的调解职能

司法局是区级人民政府的组成部门之一，主管区域范围内的司法行政工作。其主要职责包括贯彻执行国家和本市有关司法行政工作的政策、法律、法规，制定本区具体的实施意见和司法行政工作中长期规划，负责本区法制宣传教育工作和司法行政系统干部队伍建设，指导本区诉讼、行政复议和行政诉讼工作，管理律师系统、公证业务、法律服务与法律援助、刑释人员安置帮教工作等。经过二十多年快速的开发与开放，浦东新区已经发展成为上海“四个中心”核心功能区，从边缘化郊区发展成为外向型、多功能、现代化的新城区。同时，在快速的经济社会发展背后，社会结构及利益格局发生深刻变动，各类矛盾纠纷不断出现，这需要我们不断推进矛盾纠纷化解和基层社会治理。从职能上看，司法局主要从宏观上管理、指导和协调全区的人民调解工作，协助各级党政机关和职能部门参与各种重大群体性矛盾冲突与疑难复杂纠纷的调处工作，协调各级公安部门、司法部门的调解联动工作，管理和指导各类人民调解组织参与人民调解工作，推进人民调解的专业化、职业化和社会化发展。在浦东新区，这被简称为“三不”工作，即“一般矛盾不出居村、疑难矛盾不出街镇、重大矛盾不上交”，以发挥人民调解在解决基层纠纷中的第一道防线作用。

如前所述，浦东新区人民调解协会是枢纽型社会组织，在司法局的指导下开展对各类基层调解组织的指导和服务工作。同时，完善矛盾纠纷分流处置机制，持续推进人民调解与行政调解、司法调解、仲裁调解、商事调解等纠纷解决方式的互动衔接和协调配合，推动建立多元化的矛盾纠纷调解机制。《浦东新区人民调解协会章程》显示，调解协会的具体职责主要在于：宣传人民调解制度，开展人民调解理论研究；组织会员研讨探索新形势下民间纠纷的特点和预防、调处的方法，交流人民调解工作经验；接受区司法局委托，开展对全区调解干部的执业培训和业务培训，组织多种业务交流和学术研究；维护会员的合法权益，负责指导、管理协会下设的各工作委员会的工作，对有突出贡献的人民调解委员会和人民调解员按

照有关规定给予表彰奖励，对在工作、生活上确实有困难的调解员，定期开展帮困、抚恤等工作；定期组织开展区人民调解员等级评定工作，提升区人民调解员整体水平；负责人民调解员职业道德和执业纪律的教育、检查与监督，指导、监督人民调解员依法履行职责；向政府和有关部门反映关于民间纠纷和人民调解工作的情况，并提出意见及建议。

浦东新区专业人民调解中心是我国第一家集成式的专业人民调解平台，也具有一定的枢纽型社会组织的性质和功能。其职能在于：推动区级行业性、专业性人民调解组织建设；指导区级行业性、专业性人民调解组织，以及街镇层面的专业性人民调解工作室依法管理和规范运作；开展行业性、专业性人民调解培训；为其他行业性、专业性人民调解组织提供基本保障服务等。可见，专调中心通过培育具有较高专业素质和独立第三方地位且依法规范运作的专业化人民调解组织，在各类专业性矛盾纠纷化解中发挥了较大作用。同时，不同于碎片化散落在社区的各类调解组织，专调中心主要对全区各种重大、疑难、凸显的矛盾纠纷进行专业化调处，实现人民调解的能级提升。从这个层面上看，专调中心面向的调解组织主要是行业性、专业性的，人民调解协会面向的调解组织则更广，尤其是指向街镇、居村的基层调解组织。

二、规范性指引：司法局与调解工作室的关系

在浦东新区的人民调解体系中，区层面主要由司法局从宏观上对全区的人民调解工作进行规范性指引。同时，人民调解协会和专业人民调解中心作为区层面的社会组织，与人民调解工作室之间也有互动。

（一）司法局与人民调解工作室

司法局从整体上领导、协调和监督全区的人民调解工作。作为社会组织参与人民调解工作的重要主体，人民调解工作室在调解工作中发挥了显著作用。但是，由于调解工作室是第三方社会组织，因此，工作室与司法局没有直接的上下属关系，司法局只是从宏观上对区域内的人民调解组织进行规范性管理和指导。《中华人民共和国人民调解法》第五条规定：国

务院司法行政部门负责指导全国的人民调解工作，县级以上地方人民政府司法行政部门负责指导本行政区域的人民调解工作。可见，人民调解工作室的上级主管单位应当是司法行政部门，主要是区司法局和街镇司法所。在实际工作中，司法局虽然不直接管理调解工作室的日常运作，但是会从制度、规范的层面上管理和制约调解工作室的工作。根据调查，浦东新区绝大多数人民调解工作室的挂靠单位是司法行政机关，如区司法局或街镇司法所。但有的调解工作室为了业务开展需要，则会挂靠所在街道的有关部门。

> 我们工作室的全称是区 TQ 社区 LC 法律服务工作室，跟其他工作室名称上有一点不同。他们好像都叫调解工作室，如 HM 调解工作室、JH 调解工作室，我们这边叫法律服务工作室。当初成立时，街道党工委有一个想法，既然是街道出钱购买服务，为什么上级主管要是司法局呢？我们街道出钱购买，为什么不能由街道主管呢？但是去民政局注册的时候就碰到一个问题：法律规定，人民调解工作室的上级主管部门必须是司法部门，所以我们工作室注册时就改用“法律服务工作室”的名称，摘掉“人民调解”的帽子，工作室登记的主办单位（上级主管单位）是街道党工委办事处。（TQ 社区 LC 法律服务工作室主任 CZJ）

由此可以看出，司法局与人民调解工作室的指导关系在实际中表现出一定的灵活性。虽然绝大多数工作室是挂靠在区司法局，但 LC 法律服务工作室作为由街道党工委办事处发起成立的社会组织，其挂靠单位和业务指导单位是街道党工委。它虽然在名字上避开了“人民调解”，但实质上还是承担着人民调解的工作，组织的灵活性、自由度因此有所增加。司法局不直接干预调解工作室的日常运行，工作室的运转经费和场地由街镇司法所提供，因此工作室的日常工作实际上也归街镇司法所直接管理。但司法局通过街镇司法所这一中介与调解工作室之间产生一种间接约束关系，如司法局对工作室的法律地位予以承认，并在调解工作程序上建立行业标准和行为规范等。此外，司法局还在制度层面对调解工作室进行管理和制约。例如，司法局通过与其他部门联合发布文件，促成工作室与其他部门之间的业务合作。2015年，浦东新区人民法院和司法局共同签订《协同推进浦东新区矛盾纠纷化解机制合作框架协议》和《浦东新区关于加强矛盾纠纷诉调对接机制建设的指导意见》，通过鼓励和支持司法部门与人民调解工作室进行合作，将人民调解与司法调解的衔接向街镇、居村延伸，同时完善了法院和司法局对调解员的业务指导及相关培训机制。工作室作为社会组织，通过司法局这个中介机制，可以与其他司法行政部门的组织网络联系起来，以更好地发挥化解社会矛盾纠纷的作用。

（二）调解协会、专调中心与人民调解工作室

人民调解协会借助自身的平台作用，致力于培育和服务包括人民调解工作室在内的各级人民调解组织，建立与完善各类纠纷解决方式的互动衔接和分流机制。人民调解协会的年度工作报告显示，人民调解协会的职责包括：

> 拓展专业纠纷化解领域，积极培育社会组织参与矛盾纠纷化解，形成政府与社会的协同互动；运用政府购买服务的方式，建立11家“民非性质”调解工作室，拓宽政府和社会组织合作渠道；形成街镇调委会、律师事务所、居村调委会协同化解矛盾纠纷的联动机制；搭建以调解为主要手段的工作平台，建立重大工程项目定向联系机制和律师参与机制，强化社会力量与政府的衔接联动；探索在外来人口集聚地建立调解组织，在商业广场、商务楼宇建立调解工作室，探索“两新组织”参与社会管理和服务的途径。[1]

可以看出，人民调解协会负责全区人民调解工作的组织和服务工作，按照需求培育各类人民调解组织，形成矛盾纠纷化解中政府与社会力量的

① 内部资料：《浦东新区人民调解协会工作报告（2015）》。

协同互动。人民调解工作室无疑属于协会组织、协调的重要环节。

专调中心是各类疑难纠纷的整合性调处平台，以“规范性”和“职业性”为基础，专门处理居村、街镇等基层调解组织解决不了的专业性、行业性矛盾纠纷，推进人民调解的专业化发展。

> 专业调解的根基是人民调解，区专业人民调解中心通过三级联动机制实现与人民调解的无缝对接。首先是从下到上。基层村居人民调解委员会解决不了的疑难问题向上转接到街镇，主要是街镇的司法所或者是民非工作室，街镇调解不了再向上转接到区专业人民调解中心。这样通过层层转接，既有一种仪式感，给予了居民化解矛盾纠纷的希望，又可以在转接程序和过程中有效安抚当事人的情绪，缓解矛盾冲突。其次是从上到下。在司法对接上，法院受理案件在向当事人下发传票时，往往面临传票难以有效送达的问题。法院可以通过区层面的专业人民调解中心、街镇调解中心层层下达到村居调解中心，降低司法成本。(DF 调解中心物调部调解员 SY)

可见，在人民调解系统中，人民调解工作室主要负责街镇层面的矛盾纠纷化解，对于无法解决的矛盾纠纷，可以通过层层上报的方式转交到专调中心进行化解；专调中心负责托底各种疑难性纠纷，具有较强的专业性和针对性。如受访者所说，通过“层层上报”这一具有仪式感的程序，一方面可以给予纠纷当事人解决问题的希望，另一方面能够有效降低冲突的激烈程度。更重要的是，专调中心现已有医调委、物调委、交调委、商调委、迪调委 5 个常驻调委会，各个调委会的调解员也具有相应的专业知识和疑难纠纷化解经验，可以有针对性地解决各类矛盾纠纷，其专业性更强，成功化解疑难纠纷的可能性也更高。

总体看来，区层面由政府部门和人民调解组织共同参与社会矛盾纠纷化解，形成了“政社协同”的风险治理格局。其中，司法局统领和协调全区的人民调解工作，调解协会和专调中心则作为社会组织，代表社会力量共同参与人民调解工作。其中，调解协会负责组织和协调包括人民调解工作室在内的各类调解组织的工作，专调中心则负责为调解工作室等调解组织托底，主要解决其难以化解的各种专业性、疑难性矛盾纠纷。

第二节　依附与合作：街镇司法所与调解工作室

在人民调解“三级网络”中，司法所是在街镇层面指导人民调解工作的基层司法行政部门。2014 年发布的《司法部关于进一步加强乡镇司法所建设的意见》指出：“随着全面深化改革的深入推进，司法所在加强基层政权建设、创新社会治理、服务经济社会发展、服务人民群众、维护社会和谐稳定方面的任务更加繁重，加强司法所建设事关党和国家工作大局，事关司法行政事业发展。”因而，新形势下的司法所建设势必要不断加强，以夯实基层司法行政工作的基础。[①]

一、街镇司法所及其调解职能

司法所是县（市、区）司法局在街道、乡镇人民政府的派出机构，是我国司法行政机关最基层的组织机构，实行县（市、区）司法局和乡镇人民政府（街镇办事处）双重管理、以司法局为主的管理体制。司法所与公安派出所、人民法庭共同组成了街镇一级的政法体系，主要负责指导管理和组织实施行政区域内的司法行政工作，还依法承担化解社区纠纷、预防和减少犯罪、宣传法律法规等工作职责，在化解民间纠纷、解决人民内部矛盾、维护基层社会稳定、构建和谐社会等方面发挥着十分重要的作用。

司法所作为我国基层司法部门的重要组成部分，是社区调解的指导者、调解队伍的组织者以及基层大调解格局的基础平台。要组织基层职能部门联合参与司法信访综合服务窗口的接待、咨询，引导各类疑难复杂纠纷向窗口集中，实行一口受理、分流处置，提高街镇层面的矛盾纠纷化

① 《司法部关于进一步加强乡镇司法所建设的意见》，司发通〔2014〕第 71 号，2014 年 7 月 18 日发布。

解能力。[1] 由此可知，司法所是推进基层人民调解工作的平台与载体，负责指导和组织街镇层面的人民调解工作。具体而言，司法所的调解职能包括：（1）宣传国家法律法规和规章政策，引导和教育公民遵纪守法，预防民间纠纷、减少犯罪；（2）指导本街镇人民调解委员会、人民调解工作室和其他人民调解组织的矛盾纠纷调解工作；（3）负责受理辖区内重大、疑难的个体性纠纷和群体性纠纷的矛盾调解工作；（4）负责指导司法信访服务窗口、居村调委会、司法信访接待站移交的纠纷调解工作；（5）负责协调司法所调解窗口、公安部门“接警 110”与民非工作室的联合调解工作；（6）负责区法院、司法行政机关委托的其他解纷调解工作。

有学者在对上海的人民调解进行研究时指出，区司法局与街镇司法工作部门之间存在着“条块壁垒”，司法局无法控制街镇司洪科工作的人员安排，而且基层司法工作人员的主要经济开支也是由街镇而不是区司法局提供。[2] 但法律规定司法局和街镇司法所具有业务上的指导关系，司法局可以通过对街镇司法所的工作进行评比来对其施加更大影响。这使得区司法局与街镇司法所之间实际上存在一种上下级关系，并且这种关系将会通过司法所这一中介向下延伸并传递给人民调解工作室。这使得街镇司法所在人民调解体系中处于非常重要的中间位置，它处于司法局和人民调解工作室的连接点上，需要在司法行政系统的规制和社会组织的活力之间寻求均衡，以更好地促进基层矛盾纠纷化解工作。

二、联合调解：街镇司法所与调解工作室的关系

司法所受司法局和街镇的双重领导，既是司法局在基层政府的派出机构，也是街镇下设的职能部门。司法所与人民调解工作室的关系是整个人民调解网络中最重要、最核心的部分，司法所直接指导调解工作室开展人民调解工作。调解工作室受街镇司法所的委托参与人民调解，他们之间存

---

① 《关于印发〈关于完善本市人民调解、行政调解、司法调解联动工作体系，进一步加强人民调解工作的意见〉的通知》，沪司规〔2015〕6 号，2015 年 6 月 8 日发布。

② 彭勃：《国家控制和社区治理：以上海社区调解为例》，《复旦政治学评论》2003 年第 1 期，第 218—239 页。

在依附与合作的关系。

首先，人民调解工作室本身就设置在街镇层面，负责所在街镇辖区内的人民调解事务，其工作主要是对街镇司法所负责。街镇层面专司人民调解事务的本来应该是司法所和街镇人民调解委员会。在名义上，街镇人民调解委员会是化解民众矛盾纠纷的群众性组织，但是在实际运作过程中却出现了行政化的倾向。最普遍的情况是街镇司法所所长同时兼任街镇人民调解委员会主任，街镇其他职能部门的工作人员成为街镇人民调解委员会的成员。这虽然有利于更好地聚集各职能部门的资源，尽快化解街镇可能出现的矛盾纠纷，但也在一定程度上削弱了人民调解的特性，使其与行政调解的边界更加模糊。随着上海逐步推动人民调解的社会化、职业化和专业化，浦东新区开始在街镇层面设立独立第三方的人民调解工作室。工作室受街镇政府和司法所的委托，负责化解所在街镇的矛盾纠纷，并逐渐在基层人民调解中发挥越来越大的作用。这样一来，街镇调委会的调解功能逐渐弱化，它更多成为一个协调机构而不是事务处理部门。根据在浦东新区的调查情况来看，一些街镇的调委会已经与该街镇的人民调解工作室合二为一了，工作室主任也是街镇调委会主任，实际承担了街镇人民调解委员会的职能，工作室与调委会实际上是“两块牌子，一套人马”。街镇调解工作虽多由工作室具体承担，但调解协议书最终盖的还是街镇人民调解委员会的公章。

> 我们街镇的人民调解委员会实际上与工作室已经合二为一了，我本人现在不仅是工作室的法人，还是街镇调委会的主任。原来调解协议书盖的都是街镇调委会的公章，工作室成立后就开始盖工作室的公章了。现在街镇调委会工作已经淡化了，工作人员也不调解（纠纷）了。（WF 社区 YY 调解工作室主任 ZYY）

其次，人民调解工作室多以政府购买服务的方式运作，即由所在街镇与工作室签订政府购买服务合同，支付给工作室一定的资金以购买工作室的调解服务，并规定双方的职责和义务。工作室场地由街镇提供，多位于司法所内，工作室办公用品、运作经费大多纳入街镇部门预算，由财政划拨。相应地，工作室则每年需要承担该街镇一定数量的纠纷调解工作。并且，街镇与司法所一般会定期通过考核的方式对工作室的工作成效进行评估。同时，街镇司法所也会对调解工作室的人员安排、经费使用、发展方向等提出一些明确要求或指导意见。可以说，司法所作为街镇的职能部门和基层司法行政机关，是人民调解工作室直接的行政主管、业务指导和日常管理部门，直接推动了人民调解工作室的调解工作。

> 司法所主要通过六个有效保障做强做实调解工作室。一是人员保障。调解室配备了7名具有丰富调解工作经验的专职调解员，其中两名调解员负责“三个委托”人民调解工作，被分别派驻到JY和LS新村派出所；另有两名调解员是专职从事司法“110”联动接处警工作的。二是制度保障。调解室有自己的工作规范、工作目标和绩效评估指标。三是经费保障。街镇每年与工作室签订政府购买服务合同，工作经费年年有提高，为做强调解室提供了坚实的基础。四是场地保障。调解室有主任室、组长室、培训室、会议室、档案室、心理咨询室等，这些都是街镇提供的。五是组织保障。在街镇党工委、办事处的直接关心下，调解室于2014年11月28日建立了党支部，由LJH同志担任支部书记，为积极要求上进的调解员提供了空间和舞台。六是领导保障。就今年以来，街镇党工委书记两次专程到工作室进行调研，对调解室的工作予以了高度肯定和强有力的支持。（JY新村司法所工作人员AB）

最后，司法所与调解工作室之间既存在依附关系，又存在合作关系。一方面，人民调解工作室离不开司法所的支持。虽然人民调解组织的法律定位是群众性自治组织，但《人民调解法》同时规定地方人民政府的司法行政机关、基层人民法院对人民调解工作负有指导职责。事实上，街镇和司法所是民非工作室的“衣食父母”，控制着工作室的组织运作，工作室在资源获取和调解权力方面需要依附于街镇和司法所。例如，在物质保障方面，工作室的日常经费、办公场所等皆由街镇和司法所提供，自然而然也得受其指导和监督；在制度和组织建设方面，人民调解工作室的工作章程、例会制度等由街镇和司法所参与制定和监督；在思想指导方面，司法所组织工作室进行法律法规宣传，并负责工作室人员队伍的思想建设；在业务指导上，司法所对工作室的调解员进行业务培训，并对工作室进行考核。可见，人民调解工作室离不开行政系统的支持，在一定程度上依附于街镇和司法所，受其管理和制约。

另一方面，人民调解工作室作为第三方社会组织，其在人民调解工作中具有不可替代的作用。人民调解工作室承担街道辖区内矛盾较为突出的、疑难性的以及居村或其他部门不能处理的重大纠纷、意外事故、群体性事件、信访接待等工作，或作为人民调解的外延和补充，承担法律咨询、法律宣传等工作。有的工作室因影响力巨大，也承担了邻近街镇的部分纠纷化解任务。工作室和街镇司法所之间的关系同时具有互惠和合作的性质。当下，在矛盾纠纷日益多元化的同时，人们的自我意识、权利意识也在不断提升，这给基层矛盾纠纷化解带来了较大的挑战。街镇和司法所的行政性质决定了其无法承担全部的矛盾纠纷化解工作。并且，如果一些矛盾纠纷涉及政府的有关部门，街镇和司法所往往就不能直接参与调解，以避免因“裁判员”和“运动员”的双重身份而导致矛盾纠纷调处不公平、不公正的问题。作为社会组织的人民调解工作室则可有相对的超脱性，成为矛盾纠纷中政府与民众之间的“防火墙”和“缓冲带”，以缓解基层政府压力，维护社会和谐稳定。

> 有个曾吸过毒的人，到街镇办事处申请补助。他要冲进去，门卫不让他进，一直拦住他，拦到二楼楼梯口，他就从二楼下来，结果忘记看脚下就摔倒了，手撑着地骨折了。这种事情街镇没有办法出面处理，因为就是在街镇办事处发生的，只能由我们来解决。我们一般先安抚，带他去看病。看完病后，我们把当事人找来商量赔偿事宜。那我们怎么处理呢，首先，我们主动跟法院联系，了解法院上的赔偿标准是多少，我们基本上是放宽处理。其次，确定责任，到底谁负主

> 责、谁负次责，我让派出所做出责任鉴定，派出所有监控录像，可以通过派出所定责。我从法院把所有的赔偿金额确定好，包括治疗费、误工费、营养费，还有后续费用等全部鉴定好，形成一个总的赔偿金额。最后，根据责任鉴定，看谁负多少责任，是三七开还是四六开，然后按照鉴定的责任比例具体执行赔偿。（DM 社区 HM 调解工作室主任 FHM）

调研中发现，浦东新区在大开发、大建设、大转型过程中，经常会遇到类似的例子，基层政府和有关部门时常卷入与民众、企业的矛盾纠纷中。这时，人民调解工作室作为第三方的专业调解机构，更加容易取得当事人的信任，促成矛盾纠纷的解决。而且，相对于司法诉讼和行政调解，人民调解工作室凭借调解程序简便、效率高、成本低等优势在矛盾纠纷化解中发挥了较大作用。在街镇面临的一些重大、疑难的调解工作上，司法所往往也会通过授权委托的方式请人民调解工作室进行调解，或者请有关部门来支持、配合人民调解工作室开展调解工作，为纠纷的顺利解决创造良好的工作条件。但人民调解工作室的具体运作则不尽相同。有的工作室主要是一个司法平台，将基层司法行政工作的各项职能整合在一起，包括公安局、派出所、心理咨询、调解员、律师等。有的缘于街镇需要，与律师事务所合作，引进专业律师服务，将主要业务转向法律服务方面。有的工作室在工作上更多偏向“下居委、下基层、坐堂少”，而有的工作室则“坐堂多”。这其实涉及人民调解工作室的运作方式问题，但目前尚无统一的规范性要求。

可见，在人民调解工作中，街镇层面的矛盾纠纷往往是最接近民众生活的，不仅数量多，而且纠纷类型也比较繁杂。从上海浦东新区的人民调解工作实践来看，政府为了应对日益增多的社会矛盾纠纷，缓解诉讼压力，推行了司法行政部门与社会组织联合调解的工作模式，充分发挥了调解类社会组织的作用。以人民调解工作室为代表的社会组织和以司法所为代表的司法行政机关，二者之间既存在依附关系又存在合作关系：一方面，人民调解工作室在组织建立、地位获得和资源获取等方面依附于行政系统；另一方面，通过与司法所的合作，人民调解工作室在很大程度上实际承担了街镇人民调解委员会的职能，化解了街镇的重大、疑难性矛盾纠纷，成为政府与民众之间的缓冲地带，丰富了社会组织参与风险治理的实践经验。

第三节　分工协作：居村调委会与调解工作室

居村人民调解委员会是“三级网络”中处于最基层的调解组织，最熟悉基层民众生活和矛盾纠纷发展的情况，主要负责解决居村层面的婚姻家庭纠纷、邻里纠纷、社区纠纷等一般性、传统型矛盾。居村人民调委会化解的矛盾纠纷数量占到纠纷总数的绝大部分，对基层社会治理和社会稳定起到了重要作用。在纠纷调解中，它们并不是孤立的力量，而往往与人民调解工作室乃至专调中心进行分工合作。

一、居村调委会及其调解职能

居村人民调解委员会是由居委会、村委会依法设立的调解民间纠纷的群众性组织。按照《中华人民共和国宪法》和《中华人民共和国城市居民委员会组织法》《中华人民共和国村民委员会组织法》，居委会、村委会是按居民居住区设立的自我管理、自我教育、自我服务、自我监督的基层群众性组织，人民政府或者它的派出机关对居民委员会的工作给予指导、支持和帮助。因此，居委会、村委会在本质上不是国家行政机关，但在现实中他们往往承担了较多的基层公共管理、公共服务的职能，具有非常浓厚的行政色彩。按照《人民调解法》的规定，人民调解委员会是依法设立的调解民间纠纷的群众性组织。村民委员会、居民委员会依法设立人民调解委员会，企业、事业单位根据需要设立人民调解委员会。人民调解委员会在本质上也是群众性组织，其主要职责是预防和调解社区居民中发生的纠纷，进行法制宣传等，是基层社会自治的重要体现。

居村调委会虽然名义上是居民自治组织，在居委会（村委员）领导下开展人民调解工作，但在实际运作中也是与行政系统紧密联系在一起的。例如，实际中，居村调委会主任、调解员的选拔和任命基本由基层政府决定，甚至大多是居委会（村委员）行政人员兼任居村调委会主任。而且，随着社区矛盾纠纷的复杂化、专业化，居村调委会的调解职能遭遇专业瓶颈，加之居村调委会的力量普遍比较弱小，它们在面对专业性较高的矛盾纠纷时则需要人民调解工作室乃至专调中心的协助。当然，也有部分调委会工作成效显著，并产生了更大的社会影响。例如，“枫桥经验”实质上就是浙江省诸暨市枫桥镇在实践中形成的“发动和依靠群众，坚持矛盾不上交，就地解决”的有效机制，浦东新区人民调解的“三不”工作也是主要源于浦东新区大团镇金园村多年来不断传承和发展的基层矛盾纠纷就地化解机制。

金园村是 2002 年由三个村合并而成的，面积为 11.25 平方千米，村民小组有 32 个，常住人口为 4 700 余人。该村成立后，在重大工程建设、环境污染、土地承包、邻里关系等方面的矛盾纠纷日益突出。金园村学习并对接“枫桥经验”，提出开展“矛盾纠纷不出村”工作，尤其是做实村人民调解委员会，挑选懂法律政策、村民信任的村干部担任村调委会主任，在各村小组发展 1 名信息员；村调委会每月召开信息员例会，及时摸排、汇总和分析各小组的社情民意，并对已经出现或可能出现的矛盾纠纷及时进行化解。金园村的人民调解机制注重发挥调解回访制度的作用，即要求调解干部在一定时间内对已经达成协议的矛盾纠纷上门回访，了解纠纷平息与协议履行情况。这使得该村连续多年实现了“三无”（无民转刑案件发生、无聚众闹事、无越级上访）和“三不出”（小纠纷不出组、大纠纷不出村、重大纠纷不出镇）。金园村“矛盾纠纷不出村”的工作机制受到较大的社会关注，该村人民调委会于 2005 年被司法部授予“标兵人民调解委员会”，2007 年被评为“全国模范人民调解委员会”。之后，该村又连续被授予上海市“民主法治村”和“文明村”等荣誉。在金园村的经验基础上，浦东新区司法局于 2007 年在全区范围提出了“三不”工作要求，之后还设立“三不”工作办公室，使之成为浦东新区大调解格局的长效机制之一。

二、业务指导：居村调委会与调解工作室的关系

居村调委会主要负责解决居村层面的一般性矛盾纠纷，重大、疑难性矛盾纠纷往往需要借助街镇层面的人民调解工作室。也就是说，居村调委会在专业上主要依靠人民调解工作室提供指导和帮助，两者之间存在一定的分工与协作关系。可见，居村调委会力量的发挥既得益于居村调委会本身，也受到其所在街镇人民调解工作室的影响。因而，我们要在两者互动的关系和过程中剖析居村调委会的作用，而不能孤立地看待。

近年来，浦东新区人民调解工作室在矛盾纠纷化解体系中发挥了越来越显著的作用，并涌现出一些具有代表性的人物和品牌。例如，东明路街道红梅调解工作室的法人冯红梅是全国模范人民调解员、上海市首席人民调解员、上海市人民调解协会会长，她的工作室擅长化解继承析产案件，其“五心”调解法（热心解答居民疑问、耐心倾听居民诉说、换心引导双方换位思考、细心制作调解协议书、一颗恒心进行法制宣传）具有较大的社会影响。浦兴路街道董怡娴调解工作室的负责人董怡娴是上海市首席人民调解员，曾入选第五届上海市“平安英雄”评选20名候选人；她总结提炼出“依法调解、注重沟通、及时便捷、程序规范”16字调解工作法，制作的人民调解协议书被赞誉为“教科书”式的协议书。浦东新区金杨社区建华调解工作室重视矛盾纠纷化解工作机制建设，创建了“3+1”联合调处工作模式。其中，“3”是指建华调解工作室、金杨新村派出所、李东方律师事务所三方共同参与化解矛盾的工作机制，“1”是指“知心人”心理咨询工作室，辖区内有影响的疑难复杂矛盾均在该工作平台得以化解平息。正是这些人民调解工作室的发展为居村调委会的运作奠定了专业基础。

> 一般是我们下去居委会培训。像工作室去年评上了上海市劳动模范集体，区里奖励10万元，但是只能用于做项目经费使用。工作室就着手进行“老娘舅”队伍培训，把工作室辐射到每个居委会的楼栋组长和“老娘舅”，培养更多的人。这些人数算下来约有2 700多人，

工作量很大。第一课是集中上课，进行调解方法和调解技巧的培训，告诉他们怎么入门。第二课讲法律知识，有针对性地进行法律知识培训，主要是继承和遗嘱，吸引了许多“老娘舅”参与。而且法律要讲最用得着的，比如继承法，就讲继承顺序和继承方式，讲遗嘱的有效形式。现在我们已经下了 15 个居委会，培训了 866 名老娘舅。虽然高温酷暑，但是他们都是满勤，热情很高。而且通过培训，他们知道了我们工作室的继承析产调解做得比较好，之后有了这类纠纷就直接来工作室进行调解。（DM 社区 HM 调解工作室主任 FHM）

通常是我们到居民区进行专业指导。工作室承担着协助街镇调解委员会对所辖居民区调解委员会进行指导的职责。在日常工作中，工作室与居民区的调委会保持着密切联系，指导或直接参与社区的纠纷调解，对提高调解成功率起到了不少作用，受到了居民的欢迎。比如说，LS 新村有一户发生火灾，殃及邻里，需要赔偿，工作室与当地居委一起参与调解，但是没调解成功，最后引导当事人进行诉讼。还有比如说 DY 三村因为电力施工不当，导致了断电，造成了居民电器损坏，工作室配合居民区调委会与电力公司协调，据理力争，最后达成了赔偿协议。除了这些，工作室还不定期到居民区开设调解培训讲座，收集案例进行宣讲评析，这些方法都有利于居民区调委会在实践中提高调解水平，还实现了工作室与居民区调委会之间的上下联动。（LJZ 街道 MB 调解工作室主任 WMB）

由以上访谈资料可以看出，人民调解工作室与居村调委会通过分层协作实现了人民调解工作的无缝衔接。一方面，人民调解工作室负责对所在街镇辖区内各居村调委会的调解员进行业务指导和业务培训。民非工作室的调解员大都是有着多年调解经验和丰富法律知识的专业调解人士，而居村调委会的调解员多是人民群众中热心于公共事务的志愿者、信息员、楼组长等，无论是在调解经验还是调解知识上，居村调委会总体上还达不到工作室专职调解员的水平。因此，受街镇和司法所委托，人民调解工作室不定期为居村调委会调解员进行业务培训，举办法律知识讲座等。这样一来，调解工作室的孵化作用又向下延伸到居村调委会，充实了基层的人民调解工作，扩展了调解工作室在人民调解工作中的辐射范围，提升了调解工作室的组织优势。

另一方面，居村调委会负责解决简单的一般性矛盾纠纷，居村调委会解决不了的纠纷会及时上报，由人民调解工作室乃至专调中心介入调解。居村调委会和人民调解工作室在解决社区纠纷上各有所长：居村调委会凭借其在地化的优势，在调解活动中主要负责调解前期的基础性准备工作，如信息搜集、情况摸排、情绪疏导、前期调解、后期回访等；人民调解工作室则更多地专注于中后期的实质性调解工作，如利益协商、矛盾点突破、调解协议书制作与履行、司法确认等。这既体现了居村调委会与人民调解工作室之间的协作互补关系，也构成了人民调解参与风险化解的闭环，使其作用在矛盾纠纷发展的不同阶段均能有所发挥和体现，从而实现对社会风险的有效处置。

相关研究也表明，在面对当前浦东新区的矛盾纠纷时，人民调解在基层风险管理中发挥了显著作用，但调解组织在纠纷调处中也显现出一定的重事中、轻事前和轻事后的特点。在家庭纠纷、物业纠纷、商事纠纷、知识产权纠纷等产生后，人民调解组织能快速介入，动员有关力量，整合资源，及时展开矛盾纠纷化解工作，并高效地化解众多矛盾纠纷。但在矛盾纠纷产生之前的预警、研判、分析，以及矛盾纠纷化解之后的跟踪、回访、评估、疏导等方面，人民调解组织的作用发挥还存在一定的不足。而大多数矛盾纠纷的发展、变化存在一定的规律性和流程性，前一阶段的风险因素可能会随着事件的发展向下传导，从而在下一阶段存在诱发风险，造成矛盾纠纷的爆发。因此，我们应逐步延伸人民调解组织的作用路径，使之形成在基层矛盾纠纷化解中的完整作用链条，即打通基层风险治理中的预警—响应—联动—阻断—反馈等各环节，进一步强化人民调解组织在矛盾纠纷的源头发现、应急处置、过程控制和效果追踪等方面的作用发挥。①

综上所述，社会组织是国家治理体系和治理能力现代化的有机组成部

① 上海市浦东新区司法局课题组：《人民调解在城市管理中的风险防范研究》，《人民调解》2019 年第 7 期，第 29—32 页。

分，是社会治理的重要主体和依托。[①] 社会组织能够在一定程度上纠正政府失灵和市场失灵，提高社会治理水平，实现多元主体协同共治。人民调解是维护社会和谐稳定的“第一道防线”，也是我国宪法规定的基层民主自治的重要内容，更是社会风险治理的重要组成部分。浦东新区的人民调解工作已经形成了一个层级嵌套、上下联动的工作体系。在人民调解工作体系中，不同层级、不同主体之间存在着不同的关系。自上而下地看，司法局通过工作指导、工作评比等来加强对街镇司法所的领导；街镇司法所则通过资金支持、资源配置、合同约束等对人民调解工作室进行指导与监督；人民调解工作室通过业务培训、重大疑难纠纷转接等实现与居村调委会的分层协作。自下而上地看，在人民调解工作中，当基层的人民调解组织遇到无法化解的疑难性纠纷时，可以通过层层上报和组织协调以动员街镇、区等层面的专业化调解组织来化解矛盾纠纷，由此形成了社会组织参与风险治理的整体合力。

在人民调解的“三级网络”中，人民调解工作室需要处理与区、街镇、居村各层级不同主体之间的关系。其中，区层面主要由司法局从宏观上规制和约束全区的人民调解工作，对人民调解工作室进行规范性指引。区司法局虽然不直接干预调解工作室的日常运作，但是会通过街道司法所间接指导民非工作室的调解工作。人民调解协会负责组织和协调包括人民调解工作室在内的各类人民调解组织参与矛盾纠纷化解，专调中心则负责托底解决各种专业性、疑难性矛盾纠纷。街镇层面则主要由司法所和人民调解工作室通过联合调解的工作机制化解街镇的矛盾纠纷，两者之间是依附与合作并存的关系。在居村层面，人民调解工作室与居村调委会分工协作，人民调解工作室通过对居村调委会及其调解员开展业务培训，承接居村解决不了的疑难性纠纷，实现了与居村调委会的合作共治。

---

① 李立国：《改革社会组织管理制度，激发和释放社会发展活力》，《求是》2014 年第 10 期，第 48—50 页。

第八章　委托代理：矛盾纠纷化解中的组织整合与政社协同

党的十八届三中全会发布的《中共中央关于全面深化改革若干重大问题的决定》指出，要完善人民调解、行政调解、司法调解联动工作体系，建立调处化解矛盾纠纷的综合机制。人民调解、行政调解、司法调解是我国纠纷化解的三道防线。其中，人民调解是第一道防线，也是我国的一种独特的替代性争议（纠纷）解决机制[①]，现在已经成为解决基层民间纠纷的主渠道，主要由人民调解委员会等调解组织负责。行政调解是第二道防线，是行政机关依照法律规定在其行使行政管理的范围内对特定纠纷进行的调解，如街镇层面由街镇司法所、信访办、公安派出所负责的纠纷调解就属于行政调解。司法调解则是第三道防线，亦称诉讼调解，是纠纷解决最后的救济手段，由人民法院依法主持。近年来，浦东新区逐渐建立和完善了人民调解、行政调解、司法调解的“三调联动”工作机制，通过诉调对接实现人民调解与法院诉讼、司法调解的有效衔接，通过警民联调、访调对接实现人民调解与行政调解的有效衔接，建立起了基层矛盾纠纷化解的“大调解”体系。[②] 本章将剖析人民调解工作室与法院、公安派出所、信访办等部门建立的共同化解矛盾纠纷的横向协同机制，以“充分发挥调

---

① 陈志新：《关于在发展人民调解制度中吸纳国外 ADR 成果的思考》，《中国司法》2005 年第 4 期，第 47—52 页。

② 章武生教授指出，所谓“大调解”是指在党委、政府的统一领导下，由政法综合治理部门牵头协调，司法行政部门进行业务指导，调解中心具体运作，职能部门共同参与，整合各种调解资源，对社会矛盾纠纷的协调处理。在“大调解”工作格局中，与司法所共同调解纠纷的主要是基层人民法院（人民法庭）、公安派出所和信访办。详见章武生：《论我国大调解机制的构建——兼析大调解与 ADR 的关系》，《法商研究》2007 年第 6 期，第 111—115 页。

解的优势，巩固以人民调解为基础的基层大调解工作格局”[①]。

第一节　诉调对接：基层人民法院与调解工作室

诉调对接是矛盾纠纷调处中诉讼方式与非诉讼方式的相互衔接，是多元化纠纷解决机制的新探索和实践。从广义上理解，诉调对接是诉讼调解（司法调解）与所有诉讼外调解的对接，包括人民调解、行政调解、劳动调解等。从狭义上来看，诉调对接专门指诉讼调解和人民调解的有机结合。[②] 本书所讨论的诉调对接是狭义层面上的，主要涉及诉讼调解与人民调解的有机融合。近年来，民事诉讼案件的数量在我国人民法院受理案件中呈持续上升趋势，基层法院案件审理数量多、压力大，非但不能及时受理案件，还会影响案件审理的质量，进而影响法院的公信力和法律的公正性。2008 年，中央将“建立健全诉讼与非诉讼相衔接的矛盾纠纷调处机制”纳入统一的司法改革部署，诉调对接的法律地位由此得到确认。[③] 在此背景下，浦东新区也采取多种措施实现诉讼调解与非诉讼调解的对接，通过以人民调解工作室为代表的社会组织开展调解工作（这具体包括立案前委派调解和立案后委托调解[④]），把大量的民商事纠纷解决在诉讼之外，既节约了司法资源，丰富了多元化的纠纷解决机制，也提高了纠纷解决的效率。

一、基层人民法院及其调解职能

人民法院是国家的审判机关，行使国家审判权。根据最新修订的《中

① 《关于印发〈关于完善本市人民调解、行政调解、司法调解联动工作体系进一步加强人民调解工作的意见〉的通知》，沪司规〔2015〕6 号，2015 年 6 月 8 日发布。

② 田应梅：《论人民调解中的诉调对接机制》，《贵州警官职业学院学报》2017 年第 1 期，第 63—67 页。

③ 《最高人民法院关于建立健全诉讼与非诉讼相衔接的矛盾纠纷解决机制的若干建议》，最高人民法院法发〔2009〕45 号，2009 年 7 月 24 日起施行。

④ 《最高人民法院关于人民法院特邀调解的规定》2016 年 6 月 28 日公布，当年 7 月 1 日起施行。

华人民共和国人民法院组织法》，我国的人民法院分为专门人民法院、地方各级人民法院和最高人民法院。其中，地方人民法院又分为基层人民法院、中级人民法院和高级人民法院。专门人民法院则包括军事法院、海事法院、知识产权法院等。其中，基层人民法院是我国最低层级的地方人民法院，包括县人民法院、不设区的市人民法院、市辖区人民法院三类。基层人民法院根据地区、人口和案件情况可以设立若干人民法庭。人民法庭是基层人民法院的组成部分，它的判决和裁定就是基层人民法院的判决和裁定。[①] 相关研究表明，地方各级的人民法庭是基层人民法院的派出机构，其设置经历了从“一乡（两乡）一庭”到多个乡镇设置“中心法庭”的变化[②]；在实践中，人民法庭的设置不再受到行政区划的限制，而是坚持“两便”原则，即便于当事人进行诉讼、便于人民法院审判案件。人民法庭大多设置在乡镇、街道这一层级，与普通民众的距离较近，在基层矛盾纠纷化解中发挥了重要作用。

基层人民法院的调解职能随着调解政策的改革而不断变化。中华人民共和国成立以来，我国法院的调解政策经历了从“调解为主”到“着重调解”，再到“根据自愿合法原则调解”，然后到“调解优先”的变化。[③] 2006 年，最高人民法院提出“能调则调、当判则判、调判结合、案结事了”的 16 字方针。《2009 年最高人民法院工作报告》提出“调解优先、调判结合”的新方针。2010 年，最高人民法院出台《关于进一步贯彻“调解优先、调判结合”工作原则的若干意见》，强调把调解贯穿于立案、审判和执行的各个环节和案件审理的全过程。这其实与不断加大的法院诉讼压力、替代性纠纷解决机制的理念发展，以及我国建设和谐社会的时代背景密切相关。在我国的司法实践中，诉讼和调解长期存在并且各有优势。诉讼具有很高的权威性和执行力，一直是维护权益、保证公平正义的第一道防线，但是诉讼也一直存在周期长、成本高、缺乏灵活性的缺点。

---

① 《中华人民共和国人民法院组织法》，2018 年 10 月 26 日第十三届全国人民代表大会常务委员会第六次会议修订，2019 年 1 月 1 日起施行。

② 胡夏冰、陈春梅：《我国人民法庭制度的发展历程》，《法学杂志》2011 年第 2 期，第 82—85 页。

③ 张勤：《当代中国基层调解》，中国政法大学出版社，2012，第 197 页。

调解的优势则是结案快、成本低、程序简便，更加符合中国人“以和为贵”的价值观，但是调解协议的法律效力难以得到保障是其最大不足。

近年来，诉调对接机制逐渐成为我国多元化纠纷解决机制的重要制度举措。2016 年，《最高人民法院关于人民法院特邀调解的规定》出台，该文件提出，吸纳符合条件的人民调解等调解组织或个人接受法院立案前委派或立案后委托进行调解，以有效整合社会解纷资源，优化司法资源配置。而且，诉调对接有利于将司法解纷和司法服务功能向外延伸，最大限度地满足人民群众对高层次、多途径及成本低、高效率解决纠纷的需求。浦东新区在 2006 年探索建立了以“非诉调解前置”和“调解协议效力司法确认”为特征的诉前调解机制；随后，还在区域范围内陆续建立了驻法院（六里、外高桥、陆家嘴、惠南、周浦等 5 个法庭）的调解工作室。针对适合通过人民调解解决的民商事纠纷和刑事自诉案件，在双方当事人自愿的前提下，法院在立案审查阶段引导当事人选择诉前调解。一般情况下，调解由法院的诉前调解员主持，或者按照属地原则，将案件转交给纠纷发生地的人民调解组织，通常由基层调委会或人民调解工作室主持调解。调解达成的协议经法官审查后，法院可直接出具民事调解书，调解不成的再启动诉讼程序。这样不仅可以发挥人民调解在纠纷化解中的作用，还保证了调解协议的法律效力，促进了诉讼调解与人民调解的有效衔接。这一做法与程序在 2019 年 11 月由上海市高级人民法院、市司法局联合印发的《关于进一步加强诉调对接工作的若干意见》中得到了进一步确认。

二、委托调解：基层人民法院与调解工作室的关系

在人民调解工作室与基层法院的关系上，人民法院和人民法庭以其权威性、专业性等优势特征，在诉调对接机制中发挥了主导作用，法院通过“立案前委派调解”或“立案后委托调解”的方式，对于适合通过人民调解化解的纠纷，在双方当事人同意的前提下，按照属地原则将纠纷直接转交给人民调解工作室等调解组织或调解员进行调解。浦东新区 MB 工作室的主任 WMB 谈到了人民调解工作室与法院进行对接的案件及其调解过程：

工作室今年共受理法院委托调解案件四起，调解成功两起。其中一起案件是住LS新村36号的任某与楼上的董某的邻里纠纷。今年6月初，因为楼上漏水，任家的门厅、厨房、卫生间顶棚还有储物阁楼被损坏了，要求董家修缮。但是双方由于言语上的冲撞，发生了肢体冲突，导致了纠纷。任某的诉讼后来经过法庭转来工作室调解，最后调解成功，达成了协议，董家一次性补偿任家人民币1 380元，任某也向法院撤销了诉讼。还有一起案件是王某从2009年至2013年间向开餐饮店的马某供应蔬菜瓜果，合计人民币65 000元整。但是因为马某欠债不还，王某一直催讨无果，就向法院提起诉讼。经法院委托工作室进行调解，两人最后达成协议，马某同意在2015年12月31日前一次性付给王某欠款共计人民币65 000元。（LFZ街道MB调解工作室主任WMB）

可见，在诉调对接机制中，当事人到法院起诉后，如果法院认为该纠纷更适合通过人民调解来解决，且符合委托调解条件的，法院会告知并引导当事人选择人民调解的方式解决纠纷，并将案件转交给对应的人民调解工作室进行调解。人民调解工作室则接受法院的委托并展开调解。调解成功的，当事人会到法院撤销起诉。这种诉调对接方式与单纯的诉讼相比具有较大优势，首先，对纠纷当事人而言，法院委派或委托调解可以减少当事人的诉讼成本，节约大量的人力、物力和时间，并且“调解协议效力司法确认”程序还可以保证调解协议的法律效力，保障当事人的合法利益。其次，对于法院来说，诉调对接使得法院诉讼向诉讼外的人民调解延伸，缓解了在诉讼案件激增的情况下法院存在的诉讼压力问题，节约了司法资源。最后，通过引入以人民调解工作室为代表的社会力量参与人民调解，多元化的纠纷解决机制逐渐建立，这提升了纠纷解决的社会效果，充分发挥了社会组织在矛盾纠纷化解和社会风险治理中的主体作用。

除此之外，在人民调解工作室与法院的对接中，法院还通过培训、结对指导等方式对调解工作室和调解员等进行业务指导，协助工作室开展人民调解工作。《人民调解法》第五条规定“基层人民法院对人民调解委员会调解民间纠纷进行业务指导”，从而在制度上确定了基层人民法院对人民调解的指导关系。通过访谈我们发现，人民法院和人民法庭主要通过法律知识培训、调解业务培训、邀请人民调解员观摩庭审、担任人民陪审员等方式对人民调解工作室进行业务指导。HM 调解工作室的主任谈道：

> 2002 年 8 月到 2009 年 5 月期间，我在法院设立的司法信访服务窗口工作。后来我要退休了，领导的意思是希望我留下来，所以帮我成立了工作室，让我继续在这个岗位上工作。工作室成立后，前几年我还在司法信访服务窗口合署办公，后来就单独办公了。
>
> 在司法信访服务窗口办公时，我们有两名法院的指导员。当时 LL 法庭指派了康法官、戴法官做我们的业务指导员。只要一有事，特别是法律上吃不准的事情，我一定会问康法官，这都已经成为工作室的习惯了。不仅我这样，现在我那个徒弟，他也这样。而且，康法官会根据每个案例的具体情况对我们进行直接的、有针对性的专业法律知识辅导，不是上大课的那种。因为我们有些案例特别复杂，尤其是继承析产案例本身就很复杂，涉及许多专业的法律知识。
>
> 还有就是，继承案件当中有一些当事人是无行为能力人，他们是有监护人的，到我们这里做调解的话，一定要到法院去确认。法院确认这个人是无行为能力人后，我们才能确定他的监护人，继续做调解工作。而且继承析产调解以后，法院会有委托书给我，我们把所有材料包括笔录、调解记录、协议书等全部送到 LL 法庭走程序。现在房产继承的案件一定要去法院，因为继承只有凭法院和公证处的文书，房产大厦才认，才可以改名字。当事人的诉状也是我们帮他写的。老百姓都非常高兴，律师费不用出，直接诉讼的费用比较高。而且，他们到公证处办理材料自己搞不定，费用还比法院高。现在我们从法院转接过来的诉前调解，目前已经做了 100 多例。（HM 调解工作室主任 FHM）

可见，人民调解工作室的调解员虽然多数有着丰富的调解经验，但是相对于法院和法官而言，这些调解员的法律知识还有所欠缺，一定程度上影响了工作室和人民调解的专业性。法院通过结对指导的方式，指派法官对调解员进行专业的法律知识辅导，协助人民调解工作室开展人民调解工作，大大提升了工作室的专业性。此外，一些特定的纠纷不得不借助法院的司法确认程序来推进调解工作，最终的调解协议也需要法院的司法确认，这一程序不仅密切了人民调解与法院的联系，同时加强了人民调解的合法性，解决了人民调解协议的法律效力不足的问题。

这表明，在推进人民调解与诉讼调解的对接中，人民调解工作室与法院之间形成了程序衔接、制度衔接和效力衔接。程序衔接即通过立案前委派调解、立案后委托调解等程序实现诉调对接。无论在立案前还是诉讼过程中，针对适合进行人民调解的纠纷，在双方当事人同意后，法院会将纠纷案件转交给人民调解工作室进行调解。制度衔接主要是工作指导制度，即法院通过结对指导的方式对人民调解工作室及调解员进行法律知识辅导和业务培训。效力衔接则是调解协议的法律效力问题，法院通过司法确认制度保证人民调解协议的法律效力。由此可以看出，在工作室的人民调解与法院诉讼调解实现诉调对接的过程中，法院的权威性和专业性使其发挥了更加显著的作用，人民调解工作室的独立性和民间性则容易弥合当事双方的分歧，这两种调解机制优势的有机结合是诉调对接能够长效运行的坚实基础。

第二节　警民联调：派出所与调解工作室

“警民联调”是街镇人民调解工作室或其他调解组织与派出所民警针对轻微治安案件共同开展的矛盾纠纷调处机制，是近年来人民调解工作的新拓展。根据相关规定，警民联调的受理范围主要包括：民众请求公安机关处理的，或公安机关在工作中自行发现的婚姻家庭、邻里、轻微侵权等经民警当场调解不成功的民事纠纷；情节轻微的打架斗殴、故意损毁公私财物等治安案件所涉及的民事纠纷；其他适合通过调解处理的民事纠纷等。调解成功并履行调解协议的，按《中华人民共和国治安管理处罚法》规定可以不予处罚。

一、基层派出所及其治安调解职能

派出所是我国公安系统的基层组织，由市、县、区公安机关根据工作需要在其所辖区域内的街镇进行派驻。随着社会治安形势的变化，派出所的职能也在不断变化。最初，派出所的中心工作是户口管理。1989 年，《公安部治安管理局关于解决城市公安派出所工作改革中几个问题的意见》明确提出派出所的工作方针是“以治安管理为中心，以户口管理为基础”。由此，派出所的职能向治安管理延伸。《中华人民共和国治安管理处罚法》第九条规定了公安机关的调解职能：对于因民间纠纷引起的打架斗殴或者损坏他人财物等违反治安管理行为，情节较轻的，公安机关可以调解处理。经公安机关调解，当事人达成协议的，不予处罚。经调解未达成协议或者达成协议后不履行的，公安机关应当依照本法的规定对违反治安管理行为人给予处罚，并告知当事人可以就民事争议依法向人民法院提起民事诉讼。[①] 这成为后来公安机关展开治安调解的法律基础。

为进一步规范和加强公安机关的治安调解工作，最大限度地化解社会矛盾，公安部于 2006 年颁布了《公安机关办理行政案件程序规定》，其中第十章专门对“治安调解”的范围、原则等进行了规定。这在公安部于 2007 年制定的《公安机关治安调解工作规范》中得到进一步细化：所谓治安调解是指因民间纠纷引起的打架斗殴或者损毁他人财物等违反治安管理情节较轻的治安案件，在公安机关的主持下，以国家法律、法规和规章制度为依据，在查清事实、分清责任的基础上，劝说、教育并促使双方交换意见，达成协议。治安调解的具体范围包括因民间纠纷引起的殴打他人、故意伤害、侮辱、诽谤、诬告陷害、故意损毁财物、干扰他人正常生活、侵犯隐私等违反治安管理行为，情节较轻的，经双方当事人同意，可以进行治安调解。而对于情节严重的雇凶伤害他人、结伙斗殴、寻衅滋事、多

---

① 新修订的《中华人民共和国治安管理处罚法》于 2012 年 10 月 26 日发布，自 2013 年 1 月 1 日起施行。

次实施违反治安管理行为、当事人在治安调解过程中又挑起事端等社会危害较大的，则不适用治安调解。经过治安调解达成协议的，双方当事人应当在公安机关主持下签订《治安调解协议书》，并在约定期限内履行协议。[①] 但需要注意的是，与《人民调解协议书》不同，《治安调解协议书》不具有民事合同的法律效力，即当事人在调解后可能反悔，这时公安机关则可以对其进行处罚，以有效规避公安机关在调解过程中的司法风险。

治安调解的主体是公安机关，因而治安调解实质上属于行政调解的范畴。其最大特点是公安机关对纠纷当事人具有行政处罚权，如果当事人之间无法达成协议，那么过错方将面临刑事拘留等治安处罚。治安调解在某种程度上具有强制性，因为有时候当事人会为了免除治安处罚而不得不接受调解协议。大多数学者认为，在传统意义上，治安调解可以节约司法成本，提高行政效率。而在和谐社会的语境下，治安调解有利于快速地化解矛盾纠纷，维护社会和谐稳定。[②] 但也有学者认为，治安调解在一定程度上违反了调解的自愿性原则，并且从国家机关权力边界的角度来看，公安机关的治安调解超出了其职权范围，应当逐步弱化。[③] 从《公安机关治安调解工作规范》来看，治安调解的基本原则之一就是当事人双方的自愿原则，且注重对情节轻微的治安案件和民间纠纷的当事人双方进行说服教育、疏导和劝诫等，以化解社会矛盾纠纷。从这个意义上看，治安调解和人民调解具有一定的契合性。

二、非警务纠纷调处：派出所与调解工作室的关系

如前所述，在处理社会治安案件的时候，派出所并非完全采用强制性手段，法律赋予其治安调解的权力和职能以处理情节轻微的治安案件。但是，公安机关兼具刑事侦查与行政执法职责，治安调解的行政性比较突出，这在一定程度上可能违背了调解的基本原则。而且，随着人们生活水

---

① 《公安机关治安调解工作规范》，公通字〔2007〕81号，2007年12月8日起施行。

② 胡建刚、张先福：《正确认识公安机关治安调解的作用和意义》，《山东警察学院学报》2005年第6期，第110—113页。

③ 施俊镇：《公安机关的治安调解职能应当弱化》，《江西警察学院学报》2005年第2期，第26—27页。

平的提升，法制观念和维权意识也得到强化，各类社会矛盾纠纷多发频发，“有事情找警察”成为人们的定势思维和首要选择，这使得公安机关不得不花费大量的时间和精力处理非警务纠纷。这无疑挤占了本就稀缺的司法行政资源，提高了矛盾纠纷化解的成本。对此，在人民调解、行政调解、司法调解“三调联动”的基础上，将治安调解和人民调解结合起来，成立专门的人民调解员队伍，在基层派出所或社区警务室设立“人民调解工作室”或“警民联调室”，由民警处理情节较重的治安和刑事案件，人民调解员则调解情节轻微的民事纠纷，两者优势互补，相互配合，共同维护了基层治安，是为“警民联调”。[①] 这显然有利于治安案件的快速处理，将一线民警从大量的非警务纠纷中解放出来，提高民间纠纷的化解质量和效率。

浦东新区充分整合基层调解资源，建立起了“警民联调”的纠纷解决机制，实现了人民调解和治安调解的有机结合，具体主要通过“110”接处警工作平台展开。在这个平台上，人民调解与治安行政调解的衔接与协同主要有如下三种情形：一是派出所民警对由于民事纠纷引起的轻伤害案件，在平息事态防止进一步恶化的基础上进行调查取证，并征询双方当事人的意见，如双方愿意放弃追究对方治安或刑事责任并接受调解的，则转交至在这里设立的“人民调解工作室”或委托街镇人民调解委员会进行调解。二是人民调解工作室在进行民间纠纷的调解过程中，需要派出所调查取证的，由所在派出所调查取证，之后再由人民调解工作室或街镇人民调委会、派出所等进行联合调解。三是针对已经调处成功的派出所委托的治安案件，在人民调解工作室出具调解协议书之后，派出所协助调解工作室监督调解协议的执行。[②] 徐汇等区则通过设在派出所的“警民联调室”进行调解，具体调解任务也是由购买服务的调解组织派驻或“坐堂”值守的人民调解员主要进行的。

---

① 郑杭生：《和谐社区建设的理论与实践：以广州深圳实地调查为例的广东特色分析》，党建读物出版社，2009，第376—377页。

② 李蔻：《发展·和谐·法治：2007年上海市民主政治建设研究成果集》，上海社会科学院出版社，2008，第62页。

当然，警民联调实质上不仅处理轻伤害案件，有时也用来处理复杂的家庭纠纷、社区疑难纠纷、交通事故纠纷、景区纠纷或医疗事故纠纷的调处，即派出所的非警务纠纷均可采用这一机制进行处理。浦东新区的TQ社区医疗资源丰富，面临的医疗纠纷也比较多，该社区的LC法律服务工作室在成立的两年内处理了大量的医疗纠纷。由于医疗纠纷常常会伴随着影响恶劣的医闹行为，工作室在处理这类纠纷时与派出所密切合作，充分发挥了“警民联调”的优势。

> 我们工作室是和派出所密切配合的，跟他们联手。他们出面调解处置社会治安问题，但是有时候他们工作做不下来，那么这个时候就靠我们了。当时我们是处理了不少医闹纠纷的，参与整个过程。现在情况倒是越来越好了，这两三年来我们这里没有发生过医疗纠纷上升到刑事案件的，一件也没有，一直到现在都没有。（TQ社区LC法律服务工作室主任CZJ）

警民联调机制充分体现了以人民调解工作室为代表的人民调解与以派出所为代表的行政调解之间的优势互补与合作。派出所主要负责社会治安管理，维护社会稳定和社会秩序，在处理纠纷时具有强制性、权威性，可以在较短的时间内控制冲突，防止纠纷的进一步恶化。但是正如上述案例的受访者所说，强制性措施并非适合所有的纠纷。对于医疗纠纷而言，患者通常是受到权益损害的一方，情绪激动，采取强制性措施的社会效果往往不佳，处置不当容易造成更大的冲突，不利于社会稳定。而人民调解则可以发挥比较优势，弥补派出所强制性措施的不足。人民调解工作室的民间性、独立性、群众性等特征也有利于其获取当事人的信任，促成纠纷化解，降低矛盾纠纷向社会冲突转化的风险。这表明，警民联调这一纠纷解决机制具有较好的社会效果：一方面，警民联调机制可以把大量的非警务纠纷从派出所的治安管理中剥离出来，这节约了警务资源，减少了民间纠纷向恶性案件转化的发生率，有效降低了风险治理成本；另一方面，人民调解介入社会治安调解，可以把矛盾化解在基层、解决在萌芽状态，既拓展了人民调解的工作领域，又促进了社会稳定。并且，人民调解具有协商性、自愿性和平等性，经人民调解解决的纠纷往往不容易复发，能大大减少信访行为和司法诉讼行为。

警民联调是基层矛盾纠纷化解的一种新尝试。它利用的不是传统的公安机关治安调解的公权力，而是以人民调解组织为代表的社会力量，通过对当事人双方的说服、疏导、协商等方式处理民间纠纷。在这个调解过程中，讲法、讲理也讲情，但和一般的法、理、情结合不太一样的是，警民联调中当事人会受到公安机关或派出所进行的法制教育，或民警到场进行的说服教育，让当事人感受到法律的威严和压力，然后再由人民调解员介入进行调解则往往会达到事半功倍的效果。这实质上也是对传统的治安调解的改进，避免治安调解可能存在的法律风险或“孤立性”。[①] 在实践中，警民联调更多采用人民调解组织进驻派出所的形式，厦门则探索形成了“引驻式”（引导人民调解员进驻设在派出所的调解室）、“派员式”（根据解纷需要将调解员派到基层参与调解）、“进驻式”（成立专行业调委会进驻交通事故处理中心或景区警务室）[②] 等多种警民联调模式。但警民联调并不意味着人民调解和治安调解的简单叠加。这里的人民调解员不仅是要专职的，更是要具备丰富的调解经验和深厚的群众基础的，这样才能提高警民联调的实际效果。

第三节　访调对接：信访办与调解工作室

信访是我国特有的一种社会制度。在中华人民共和国成立初期，信访曾经是有效肃清敌对分子、维护社会稳定的重要举措。之后，信访逐渐演变成基层群众反映利益诉求、维护自身权益和推进基层社会治理的重要途

① 刘启川：《论治安调解制度的完善与创新》，《湖北社会科学》2012 年第 12 期，第 157—161 页。

② 林金铿：《警民联调显成效：1+1>2》，《人民调解》2013 年第 11 期，第 12—14 页。

径。[①] 近年来，随着浦东新区工业化、城市化的快速推进，利益格局深刻调整，人们的思想观念发生深刻变化，社会矛盾纠纷和信访案件也随之增多。为了解决日益严重的信访问题，发挥人民调解在矛盾纠纷化解中的重要作用，浦东新区也跟随全国的步伐不断探索人民调解与信访的有机结合，逐步建立和完善了“访调对接”工作机制，以切实提高信访案件尤其是信访疑难案件的化解效率和质量。

一、基层信访部门及其调解职能

1951 年 5 月，毛泽东就处理群众来信做出批示：“必须重视人民的通信，要给人民来信以恰当的处理。”这直接影响了我国信访制度的建立。1951 年 6 月，《政务院关于处理人民来信和接见人民工作的决定》颁布，这通常被视为信访制度正式确立的标志。1957 年 11 月，《国务院关于加强处理人民来信和接待人民来访工作的指示》强调完善信访工作的“归口管理”，要求尽量将矛盾纠纷化解在基层。1963 年 9 月、10 月，《中共中央、国务院关于加强人民来信来访工作的通知》和《国家机关处理人民来信和接待人民来访工作条例（草案）》先后发布，重申了信访是人民的民主权利，是了解社情民意、群众监督、调解矛盾的重要手段。1980 年 6 月发布的《最高人民法院信访处接待来访工作细则》，标志着信访工作的恢复。1982 年，全国第三次信访工作会议制定了《党政机关信访工作暂行条例（草案）》，为后来信访条例的制定奠定了重要基础。1995 年 10 月，全国第四次信访工作会议通过了《中华人民共和国信访条例》（简称《信访条例》），这是我国第一部信访行政法规。2005 年年初，新修订的《信访条例》[②] 由国务院颁布实施，这推动了信访工作的法制化进程。党的十八届三中全会指出：“改革信访工作制度，实行网上受理信访制度，健全及时就地解决群众合理诉求机制。把涉法涉诉信访纳入法治轨道解

① 桂家友：《边缘化郊区到现代化城区——以浦东基层社会治理探索为视角》，上海人民出版社，2016，第 243 页。

② 《中华人民共和国信访条例》，中华人民共和国国务院令第 431 号，2005 年 1 月 10 日颁布，2005 年 5 月 1 日施行。

决，建立涉法涉诉信访依法终结制度。”① 这为我国信访工作的进一步发展指明了方向。

《信访条例》第二条规定，信访是指公民、法人或者其他组织采用书信、电子邮件、传真、电话、走访等形式，向各级人民政府、县级以上人民政府工作部门反映情况，提出建议、意见或者投诉请求，依法由有关行政机关处理的活动。从《信访条例》规定的信访机构履行职责来看，我国信访部门在处理信访问题时没有实质性的处理权力，其工作主要是通过接收登记信访案件，转交给相关部门，然后督促相关部门解决。但是仅仅依靠信访部门的督促督办和相关部门的自觉来解决纠纷，效率问题难以保障。一是因为信访案件在很大程度上与相关部门存在利益瓜葛，由利益相关者来处理极易产生不公平行为；二是因为现行信访制度规定信访部门只要在一定期限内把信访案件转交给相关部门就算完成任务，信访案件是否了结则与信访部门无关，这也在客观上导致了效率低下。因而，针对信访制度的改革，学术界长期存在“强化派”和“弱化派”② 两种争论。

针对现实的信访压力和信访“转办”方式的低效率，我国需要建立一种更加高效的信访处理方式。《信访条例》第十三条规定，设区的市、县两级人民政府可以根据信访工作的实际需要建立政府主导、社会参与、有利于迅速解决纠纷的工作机制。信访工作机构应当组织相关社会团体、法律援助机构、有关专业人员、社会志愿者等共同参与，运用咨询、教育、协商、调解、听证等方法，依法、及时、合理处理信访人的投诉请求。这为社会力量参与信访工作奠定了制度基础。2004 年 2 月，《最高人民法院、司法部关于进一步加强人民调解工作切实维护社会稳定的意见》指出：随着社会主义市场经济发展的新形势和社会矛盾纠纷的新特点，要“扩大人民调解的工作领域”，“与人民来信来访工作相结合”，使人民调解发挥更大的作用。2014 年 2 月，中共中央办公厅、国务院办公厅印发

① 参阅十八届三中全会通过的《中共中央关于全面深化改革若干重大问题的决定》。

② 宋协娜、周念群：《改革开放 30 年中国信访制度变迁研究》，载张全新、刘德龙、张华等主编《中国特色社会主义：理论·道路·事业——山东省社会科学界 2008 年学术年会文集 4》，山东人民出版社，2009，第 1931 页。

《关于创新群众工作方法解决信访突出问题的意见》，该文件提出：“完善信访和人民调解、行政调解、司法调解联动工作体系，实现小事不出村、大事不出乡、矛盾不上交。”这些法规为建立访调对接机制、实现人民调解与信访的有效衔接奠定了制度基础。

二、信访代理：信访办与调解工作室的关系

在从“边缘化郊区”向“现代化城区”转型的过程中，浦东新区的社会矛盾纠纷逐年增加，信访工作面临着现实挑战。其信访数量增多，尤其是市政建设动迁类、涉法涉诉类矛盾纠纷突出，信访主体多元化，信访形式多样化，信访诉求复杂化，异常信访现象（如越级上访、进京上访、群访等）时有发生。[①] 这使得基层信访部门工作压力加大，社会和谐稳定也受到现实的威胁。信访制度的本意是收集和传达民意，但现今却逐渐演变为很多人维护表达诉求、维护权益的最后一种无可奈何的选择。依照《信访条例》的规定，县级以上人民政府工作部门及乡、镇人民政府应当按照有利于工作、方便信访人的原则，确定负责信访工作的机构或者人员，进而开展信访工作。在浦东新区，街镇层面主要由信访办、司法信访综合服务窗口处理基层信访事件。随着以人民调解工作室为代表的社会组织在人民调解中发挥的作用越来越大，一些街镇开始探索将信访与人民调解相结合的新方法，并尝试整合信访与调解类社会组织即人民调解工作室的调解力量，建立了“信访代理”和“访调对接”机制。

在2008年前后，上海还存在另一种“信访代理”，即基层党政机关、职能部门派专人作为信访群众的“代理员”代理上访，以提高信访问题的处理效率，维护信访秩序和社会稳定，并建立了从居村、街镇到区层面的三级信访代理机构。[②] 与之不同的是，这里的信访代理主要指以人民调解组织为代表的社会力量部分代替信访部门职能，单独或联合其他职能部门化解基层矛盾纠纷的活动及其过程。在调研中我们发现，浦东新区许多街

---

① 桂家友：《边缘化郊区到现代化城区——以浦东基层社会治理探索为视角》，上海人民出版社，2016，第248—249页。

② 林化宾：《上海政法研究》，上海社会科学院出版社，2010，第3—8页。

镇的人民调解工作室都承担了所在辖区的信访代理工作。人民调解工作室受街镇委托承担信访代理功能，很大程度上是因为人民调解工作室在社会矛盾纠纷化解中发挥了比较大的作用，具有较好的社会信任基础。一些街镇的做法是将司法信访综合服务窗口与人民调解工作室合二为一，或把人民调解工作室直接设在信访接待窗口，将信访办负责的信访工作转交给人民调解员负责。

> 原来工作室负责的主要事务有人民调解、法律宣传、法律咨询，运行一段时间后居民反映特别好。街镇就把它原来负责的司法 110 接待和信访接待全都委托给我，转到我的工作室来。这些其实不在我的职责范围内，无形当中扩大了我的职责范围。（PZ 调解工作室主任 PZ）
>
> 根据街镇安排，工作室承担了信访代理职能，配合街镇信访办、司法所化解了一批涉及刑释解教人员、落实政策对象、重信重访群众的疑难矛盾纠纷，为政府部门缓解了很多压力。比如说前段时间，居民王某因为与邻居有矛盾，不服居委会和派出所的调解，反复到信访办投诉举报，工作室介入后首先对他的信访诉求进行了详细了解，就有关情况进行多方调查，对王某也进行了疏导，还通过做他的家属工作，劝他放下思想包袱，好好安享晚年。最后调解好了，现在王某对工作室非常信任。还有刑释人员朱某因为服刑期间的房屋动迁遗留问题，跑到区里越级上访。工作室接过来调解后对其进行法律指导，引导他到对口的部门反映问题，同时积极联系朱某的兄姐，告诉他的兄姐应该承担哪些责任，还协助信访办多处寻找适配的房源给朱某住，保障了他的合法权益。朱某对工作室非常感激，最后还给工作室送来了锦旗。（JY 街道 JH 调解工作室主任 LJH）

在我国，人们通过信访渠道解决矛盾纠纷是长期存在的社会行为，这也和不少人的社会心态密切相关，即信奉“大闹大解决、小闹小解决、不闹不解决”的纠纷解决思路。信访和人民调解都是我国带有本土特色的替代性纠纷解决机制，一些街镇将原来信访部门负责的信访案件委托给人民调解工作室处理，这其实是看重了人民调解工作室在处理信访纠纷中具有的比较优势。与作为行政部门的信访办不同，人民调解工作室是作为第三方的社会组织，能充分利用各种手段和资源，协调相关部门配合处理信访纠纷，这充分体现了社会组织的灵活性、高效性和群众性。而且，信访代理形成了信访矛盾化解与人民调解工作的有机统一。人民调解工作的介入，有利于缓解基层信访部门的工作压力，降低信访成本，规范信访秩序，减少越级上访、重复上访、闹访、缠访等信访乱象，提升信访矛盾纠纷化解的速度和质量，降低社会面临的风险。

作为浦东新区访调对接工作的试点之一，杨镇路社区在基层矛盾纠纷化解中探索访调对接工作新机制。该社区的 345 间无证车库一直是居民信访投诉的焦点和综合整治的难点问题。在分布于两个小区的 345 间无证车库中，有 103 间已经在 2003 年以协议形式出售，其余的 242 间为集体车库，以满足居民非机动车的停车需求。但由于物业管理不到位，这些车库处于无序管理状态，存在极大的安全隐患。在当地居民的强烈要求下，该社区依托镇信访办、司法所等部门，结合“家门口”公共法律服务工作室建设，设立调解接待室，配备 1 名调解员和 1 名律师，定期与来访居民进行信息沟通、政策咨询、法律解答、信访接待和司法援助等，安抚了信访人的情绪。同时，该社区提高对初信初访的调解率，避免小事拖大；对民众反映强烈、涉及面广的复杂矛盾纠纷，加大化解力度，防止矛盾激化；针对重复信访或信访积案进行专项治理，依法化解。而且，该社区还拓展了传统的居民自治范围，召开居民代表大会并通过了社区无证车库的整治方案，以自治带动整治。在拆除无证车库的过程中，该社区还通过社区骨干和社区志愿者展开社区矛盾纠纷排查，从源头上预防和减少矛盾纠纷的产生。这些举措使得该社区的违建车库在半个月内被顺利拆除。

信访代理在浦东新区的其他街镇也在持续推进，如 NC 镇展开了社会力量参与信访案件调处的探索。其主要做法有四：一是在镇层面社会力量参与信访矛盾调处工作小组的建立，将其办公室设在司法所以负责日常运作，具体的工作则通过镇“社会力量参与信访矛盾调处工作室”展开，并在基层建立了22个居村工作站，从而形成了镇—居村—小组的三级调处体系。二是矛盾纠纷化解队伍的组建，将人民调解员、结对律师、社区民警、治保队员、村民小组长、楼组长、离退休老干部等纳入其中。三是服务资源下沉，尤其是配合浦东新区正在推进的“家门口服务”体系建设和“律师进村居”项目的推进，使居村工作站能更好地畅通信息，充分了解民众需求。四是调解流程的规范化，通过居村工作站收集涉案纠纷的相关信息，镇工作室在收到矛盾纠纷信息后，整合相关职能部门探索纠纷化解方案。社会力量参与信访矛盾纠纷调处自2008年4月在NC镇开始推广以来，截至当年6月底，累计接待来访咨询103批次，累计组织调解46批次，其中调解成功45起，调解效果较为显著。

综上，浦东新区在风险治理中积极引入社会力量，深入发掘以人民调解工作室为代表的社会力量在矛盾纠纷化解中的作用，在国家正式组织机构与社会组织之间建立了合作关系，法院、派出所、信访办与人民调解工作室在解决矛盾纠纷、进行社会风险治理方面建立了衔接机制，形成了政社协同的工作格局。这主要体现在以下三个方面：一是基层人民法院与人民调解工作室形成了委托调解关系，通过程序衔接、制度衔接和效力衔接建立了诉调对接工作机制；二是公安派出所与人民调解工作室建立了警民联调机制，实现了公安机关与人民调解组织的功能互补与合作，将大量非警务纠纷化解在基层，减少了民间纠纷向恶性案件转化的概率，有效降低了社会治理成本；三是信访办与人民调解工作室的访调对接机制，信访办将其信访工作职能委托给人民调解工作室，工作室对信访办的信访代理有利于降低信访成本，规范信访秩序，提高信访纠纷化解的速度和质量，切实降低不稳定因素和社会风险。实质上，这在行政司法机关和社会组织之间形成了委托代理机制，顺应了社会多元共治的发展趋势，有利于形成基层多元一体的矛盾纠纷调处格局，以切实回应基层民众多元化的利益诉求，提升基层社会治理的效率。

第九章　互嵌式治理：调解组织参与矛盾纠纷化解的运作逻辑

党的十九大报告提出要“加强预防和化解社会矛盾机制建设”，“增强驾驭风险本领，健全各方面风险防控机制，善于处理各种复杂矛盾”。从前几章的分析可以发现，浦东新区已经逐步建立起了社会组织参与风险治理的体制机制。以人民调解工作室、专调中心等为代表的调解类社会组织在化解社会矛盾纠纷、预防社会风险、维护社会和谐稳定方面起到了重要作用。在这个过程中，既有国家力量对社会组织的规制、约束与推动，也有社会组织对政府既有的风险治理体系的反馈与形塑，从而逐渐形成了社会组织与政府之间的互嵌式治理格局。虽然这两者的力量并不均衡，调解组织的发展也呈现出不同的面向，但还是体现了“共建共治共享”的基层社会治理图景。

第一节　基层矛盾纠纷化解中的政社互嵌

嵌入这一概念主要源于经济史学家卡尔·波兰尼，用以分析人类经济行为如何受到社会结构等非经济因素的影响。之后，格兰诺维特进一步分析了嵌入这一概念，他关注的是经济行为如何受到社会网络的影响。这一概念也可以用来分析基层矛盾纠纷化解中政府与社会组织的关系。但两者之间不是单方面的嵌入，而是表现为相互嵌入、相互影响的动态过程。相关研究表明，“社会组织在资源、合法性、制度支持等方面嵌入国家，而国家的意志与目标嵌入在社会组织的运作中，在此关系中，国家和社会组织权力均得到了强化”[①]。有的学者认为，“国家与社会的关系突破了单向资源和机会的输出与输入，构建出了一条双向嵌入的通道”[②]。结合嵌入理论及相关分析，本章主要从制度互嵌、关系互嵌、功能互嵌和结构互嵌等方面具体展开。但这四种嵌入是不断递进的，在实践中并非截然分开的，有可能同时存在几种嵌入或互嵌的情况。[③]

一、制度互嵌

制度主义认为，制度是一个社会的博弈规则，是“为决定人们的相互关系而人为设定的一些制约”[④]。在此基础上，矛盾纠纷化解中的制度互嵌主要强调的是自上而下的国家和地方的制度。法规会对调解组织的发展、运作产生影响并进行规范、约束，为调解组织运转提供制度框架，避免其出现合法性危机。同时，调解组织也会根据具体社会情境，采取相应的组织行动，在制度规定性和社会情境性之间寻求一种平衡。

第一，准入的限制与变通。浦东新区调解类社会组织在实践中形成了不同的组织模式，有社会团体（如人民调解协会）、社会服务机构（如专调中心、人民调解工作室）等法人组织，也有群众性组织（如居村调解委员会等）。按照《社会团体登记管理条例》《社会服务机构登记管理条例》等法规，浦东新区对社会组织实施双重管理，规定其既要有登记管理机关也要有业务主管单位。浦东新区人民调解组织的登记管理机关均为民政部门，但业务主管单位则不尽相同，绝大多数是司法局，但也有部分调解组织挂靠所在街镇。如前文提到的 LC 法律服务工作室是由街道党工委发起成立的，所以其业务主管单位是街道党工委。而人民调解工作室的上级单位只能是司法行政机构，所以该工作室虽然

① 纪莺莺：《从“双向嵌入”到“双向赋权”：以 N 市社区社会组织为例——兼论当代中国国家与社会关系的重构》，《浙江学刊》2010 年第 1 期。

② 田毅鹏、张帆：《社会矛盾调处中政府与社会组织的“互嵌性”运作——以 J 市信访法律事务服务中心为例》，《社会科学》2018 年第 5 期，第 63—75 页。

③ 王志华：《论政府向社会组织购买公共服务的体制嵌入》，《求索》2012 年第 2 期，第 66—68 页。

④ ［美］道格拉斯 · C. 诺斯：《制度、制度变迁与经济绩效》，刘守英译，北京三联书店，1994，第 3 页。

在业务上处理的是街镇的人民调解业务，但其名称则只好改称“法律服务工作室”。这样既符合法律制度的规定性要求，又符合街镇纠纷化解的实际需求。

第二，运作中的法规与适应。人民调解组织在形态上属于社会组织，在功能上具有人民调解的性质，在体系上又是“大调解”的组成部分。因此，其具体运作必然嵌入国家宏观的制度体系中，如《民间纠纷处理办法》《人民调解法》《信访条例》等法律法规明确限定了人民调解的程序、规则与边界等。人民调解员在调解中也得严格按照这些法律规范行事，如在调解中涉及婚姻、财产、医疗、物业、知识产权等专业性、行业性矛盾纠纷，则还需要遵循这些具体方面的法律规定。由于部分人民调解员并非法律专业出身，所以他们在遇到这些法律问题时往往采取自学或向法官、律师等专业人员学习的方式，以补充并完善这方面的专业法律知识，从而使得调解行为依法依规进行。

> 我们自己就是做调解做法律宣传的，自己怎么能不知道有关的法律呢？我们虽然不是专业的，但是有十几年做一线工作的经验，也积累了不少知识。像前段时间有个人过来咨询婚前财产的问题，是那个女孩子的妈妈，就是她女婿要买房子，女孩子自己还没考虑清楚，婚礼也没有办，就因为这个男方要买房子就赶紧去民政局领了结婚证。我是哭笑不得的，但是怎么说呢，因为我们那个年代哪有什么婚前财产问题，都是很穷的。但是现在时代不同了，既然我们是做这个工作的，那也没办法，事后呢我们也补补课。我就去找了司法所里面的年轻人问了问，这样下次有人问的话我们也好说嘛。（周街道“老娘舅调解工作室”主任 LQH）

第三，调解组织的税费与考核。《人民调解法》明确规定：“人民调解委员会调解民间纠纷，不收取任何费用。”凡是冠以人民调解名义的调解组织，在进行人民调解时都不能收费。但随着基层矛盾纠纷多发频发且更加趋向专业化、行业化和复杂化，人民调解组织在收入有限、职业发展受限的情况下难以吸引、激励更多专业人才加入调解工作。而且，按照社会组织管理的有关法规，财政局、税务局对人民调解工作室等的税务要求较为严格，但这些组织的收入基本完全依靠政府购买服务经费，工作期间没有发生经营性活动，也不存在营利行为。因此，缴纳税费的要求，使得大多数社会组织不能理解，他们不得不花费大量精力来处理税务问题。虽然国家有针对符合条件的非营利组织的免税政策，但手续烦琐，多数调解组织因日常调解任务较多，难以有更多的人手、精力来处理。同时，作为独立法人的人民调解组织的财务考核有双重标准，街镇作为具体出资方对其有工作任务的考核要求，社会服务机构作为独立法人又有相应考核要求，且这两个考核标准之间存在一定的差异乃至冲突，无形中增加了调解组织的工作负担。对此，部分调解组织提出，希望税务部门针对非营利性社会组织的税务能简化程序、相关免税规定能更加明晰；或希望在区人民调解协会层面纳入专门平台及税务人员，协助调解组织统一处理税务问题，为符合条件的调解组织申请免税资格。同时，调解组织也需要作为其业务主管单位的司法所进一步简章立制，规范人民调解工作室的代管资金账号等问题，以进一步为调解组织的运作、发展提供更多的便利条件。

第四，调解协议法律效力的达成策略。在法律上，人民调解工作室是独立法人，但是法律没有赋予调解工作室进行调解的职能，法院不能直接认可人民调解工作室单方面出具的调解协议书。最终，工作室参与调解所达成的调解协议书只有加盖街镇调委会的公章才会被法律认可。面对这种情况，不同工作室的行动策略不一，有的工作室通过在协议书上加盖街镇调委会的公章以获得法律效力；有的工作室仍然只盖人民调解工作室的公章，但会在调解协议达成后当场履行。因此，即使工作室的公章没有法律效力，也不会影响调解协议的执行情况。事实上，街镇调委会的性质也是群众性组织，不具有独立法人资格，因而人民调解工作室与街镇调委会之间的法律关系并不顺畅。这不仅需要制度上的进一步探索，也需要从法律上赋予街镇调委会法人资格，或使人民调解工作室的公章和街镇调委会的公章具有同样的法律效力。

> 现在调解协议书盖的是YY工作室的公章，我们工作室现在的工作模式是达成调解协议后当场履行协议，所以不存在司法确认问题。而且工作室只接收当场履行协议的调解案件，不当场履行的不接。但是如果要司法确认的话，法律还是只认街镇调委会的公章，工作室的公章实际上没有法律约束力。（WF社区YY调解工作室主任ZYY）

《人民调解法》规定，经人民调解委员会调解达成调解协议后，双方当事人认为有必要的，可以向人民法院申请司法确认，以保障调解协议的法律效力。《最高人民法院关于人民调解协议司法确认程序的若干规定》(2011)、《中华人民共和国民事诉讼法》（2013）等法律法规均再次明确规定了“司法确认”的相关条款。因而，人民调解工作室等人民调解组织在调解实践中大多数会进行司法确认，即便没有经过司法确认程序的，也会如上述访谈中所说的要求达成调解协议后现场履约，从而克服了长期以来存在的人民调解法律效力不足的缺陷。在诉调对接过程中，浦东新区专调中心的司法确认则由法院派人到医调委、交调委等调解现场进行受理和指导。这种制度嵌入显著保障了人民调解协议的法律效力，有利于切实化解基层矛盾纠纷。

二、关系互嵌

格兰诺维特强调，所谓关系嵌入，是指行动者的经济行为嵌入与他人互动形成的社会关系网络之中。在矛盾纠纷化解中，调解组织的关系互嵌则关注调解组织的行为嵌入与政府部门、其他各级调解组织互动形成的关系网络中，这一方面使得调解组织与政府部门之间形成信任、协作、委托代理等互动关系，另一方面也容易使得“政府将内部的科层组织关系投射到与社会组织的关系中”[①]，从而形成了一种新的“准科层关系”。

从纵向上看，浦东新区人民调解组织在矛盾纠纷化解中与区、街镇、居村等不同层级、不同主体之间不断互动，从而形成了不同的互动模式和

① 王志华：《论政府向社会组织购买公共服务的体制嵌入》，《求索》2012年第2期，第66—68页。

组织关系。例如，区司法局与全区各类人民调解组织之间形成规制与约束的关系，专调中心则成为化解各种专业性、疑难性纠纷的托底力量。人民调解工作室在化解街镇层面的重大、突出性矛盾纠纷中，与司法所之间形成了依附和合作的关系。居村调委会则与人民调解工作室、专调中心等形成矛盾纠纷化解的分层协作关系。从横向上看，人民调解组织与法院、派出所、信访办等部门之间形成纠纷化解的委托代理关系。例如，人民调解工作室通过与法院的诉调对接、与派出所的警民联调、与信访办的访调对接，逐步形成了人民调解与司法调解、行政调解的“三调联动”工作机制，进而形成了部门联动、政社协同的大调解网络。在这个过程中，政府部门的法律规范、纠纷化解方法与技术，指引和限定了人民调解组织的运作，人民调解组织的纠纷化解实践又进一步补充、完善乃至部分替代了有关政府部门的纠纷化解体系和功能。

浦东新区人民调解组织的运作实践，不仅在其与政府部门之间进一步发展了双方的信任、互惠、合作的观念和协作机制，也使得社会大众对调解组织有了更多的认可。一方面，社会组织具有“双重属性”：社会组织既是一种挑战力量，是集体行动的载体之一；同时，社会组织又是一种辅助力量，是公共产品的供给主体之一。[①] 政府通过购买服务的方式将部分公共管理、公共服务功能转移给社会组织，将社会组织的力量整合到国家的风险治理体系中去，在一定程度上弥补了政府失灵和市场失灵。另一方面，人民调解工作室在发展中不断涌现的代表性人物和工作室品牌，以及专调中心等调解组织作为独立第三方的专业化力量，在矛盾纠纷化解中逐步获得了民众的认可，一定程度上改变了人们长期存在的“信访不信法”“有事找政府”等行为习惯。这种信任机制进一步促进了人民调解组织的壮大及其专业化、职业化发展。

三、功能互嵌

功能互嵌主要是指在关系互嵌的基础上，政府部门的相关职能嵌入社

---

① 康晓光、韩恒：《分类控制：当前中国大陆国家与社会关系研究》，《社会学研究》2005 年第 6 期，第 73—89 页。

会组织的运作中，使得社会组织以承接政府转移职能作为组织的核心功能[①]，由此社会组织也会影响政府部门的发展与变革。这实质上可以被认为是进一步强化与延伸了政府部门对社会的治理体系和治理能力。在浦东新区的实践中，这主要体现在人民调解组织通过政府购买服务的方式，承担了相应的社会矛盾纠纷化解、维护基层社会稳定的职能，进一步推动了政府主导的基层矛盾纠纷化解体系的形成。

政府的基本职能是进行公共管理，提供公共服务，维护公共安全，满足社会公共需求。在当代社会，政府越来越通过吸纳社会组织参与公共管理和公共服务，承接部分政府职能，从而实现政府职能的部分“让渡”。“让渡”在社会学中主要指某一社会行动者将自己所掌握的资源、责任和功能等转让给另一社会行动者的过程。[②] 如前所述，在浦东新区的人民调解实践中，专调中心主要与区司法局签订购买服务合同，化解区层面的专业性、行业性矛盾纠纷。当然有时也与其他街镇签订购买服务合同，为其提供物业、医疗等方面的专业服务。人民调解工作室则主要与街镇司法所签订购买服务合同，化解街镇层面的重大、疑难性矛盾纠纷，或承担街镇的其他司法行政工作。在有的街镇，人民调解工作室的职能甚至类似于隶属于司法所的一个办事机构。同时，人民调解工作室等调解组织也与法院、派出所、信访办等职能部门签订购买服务合同，承担了这些部门的委托调解、非警务纠纷调解和信访代理等职能。

在政府部门与人民调解组织的功能互嵌中，浦东新区实质上形成了“分类分级”的多层次调解网络体系。其中，第一层调解服务的供给主体是政府，以居村调委会和街镇调委会为代表，主要负责婚姻家庭、邻里纠纷、社区矛盾等传统纠纷。居村调委会负责这类一般性矛盾的排查、发现、调处和复杂矛盾的上报。街镇调委会则主要负责复杂矛盾纠纷的诊断、会商和处理。两者均不收取任何费用，起到矛盾纠纷化解的托底作

---

① 王志华：《论政府向社会组织购买公共服务的体制嵌入》，《求索》2012 年第 2 期，第 66—68 页。

② 陆春萍：《转型期人民调解机制社会化运作》，中国社会科学出版社，2010，第 113 页。

用。第二层调解服务的供给主体是社会组织，以设立在街镇的人民调解工作室为代表，主要处理街镇层面重大、疑难矛盾，跨地区、跨单位的纠纷，以及居村调委会不能处理的纠纷矛盾。其经费来源主要是政府购买服务，也包括部分的社会捐赠，在功能上形成对基层调解组织的补充和支撑。第三层是专业性、行业性调解组织，以设立在区层面的各类专业性、行业性人民调解委员会为代表，从事医患纠纷、物业纠纷、交通赔偿纠纷、经贸商事纠纷、金融银行纠纷、知识产权纠纷等专行业调解。其经费主要来自政府购买服务，也有专行业会员单位购买服务的部分（如工商联民商事纠纷调解）。第四层则是行业协会，以浦东新区人民调解协会为代表，经费来源是单位会员和个人会员的会费、政府购买服务和社会捐赠等。其性质是枢纽型社会组织，在司法局的指导下具体展开对各类调解组织的指导和服务工作。通过多层次的矛盾纠纷化解体系，人民调解组织基本被纳入政府的社会服务体系，这在一定程度上更新与重构了基层社会治理体系和治理能力。

四、结构互嵌

结构嵌入关注网络参与者之间联系的总体性结构，它一方面强调网络的整体功能和结构，另一方面关注行动者作为网络节点在社会网络中的结构位置①，尤其是行动者的网络位置对其行为的影响。在矛盾纠纷化解中，结构互嵌主要指在功能互嵌的基础上，人民调解组织与政府部门之间的网络关系对其资源获取、组织运作等方面产生的结构性影响。

（一）运作资源嵌入

在资源依赖视角下，社会领域中的各种社会组织无法做到完全意义上的自给自足，社会组织必须通过外部环境来取得生存和发展所需的关键资源。这在人民调解组织中也表现得较为明显。

一方面，调解组织的运行资源依赖。第一，注册资金方面，人民调解工作室和专调中心等调解组织的注册资金大多来自司法行政部门或有关政

---

① 兰建平、苗文斌：《嵌入性理论研究综述》，《技术经济》2009 年第 1 期，第 104—108 页。

府部门。例如，周街道“老娘舅调解工作室”的出资单位为周街道社区服务中心，这一中心实质上仍然为政府部门；专调中心的出资单位为区人民调解协会，虽然其性质上是社会团体，但仍具有比较浓厚的官方色彩。第二，办公场所方面，人民调解工作室的工作场所基本由其所在街道提供，多位于司法所内，工作室办公用品、运作经费大多纳入街道部门预算，由街道划拨。周街道“老娘舅调解工作室”的办公场地由街道免费提供，其办公场所就位于街道办事处所在办公大楼内。专调中心的办公场地经租赁而来，租赁费包含在政府购买服务经费中。第三，运作资金方面，不论是周街道“老娘舅调解工作室”等人民调解工作室还是专调中心，其运作的资金均主要来自政府，通过政府购买服务的方式来保障组织的日常运作。虽然它们有时能获得社会捐助等其他资金，但政府购买服务始终是最为基础和重要的资金来源。

同时，调解组织的经费管理和使用也较为受限。从本质上讲，人民调解工作室是独立的法人组织，享有独立的账户及自主的经费管理、使用权利。但实际上，由于采用政府购买服务的运作方式，街镇与工作室的关系在一定意义上被强化了，工作室的自主性变得模糊。而且，多数调解组织的经费仍然挂靠在街镇司法所，享有独立账户和经费自主审批权的很少，每一笔经费使用都需要街镇的审批，调解组织则缺乏必要的经费自主权。这表明，调解工作室不仅经费来源渠道单一，而且其财务制度使得工作室调解员在调解工作中的成本性支出难以得到有效保障，调解津贴也不能顺利发放，影响了人民调解员的工作积极性。

> 民非组织本来是拥有法人资格的独立组织，经费本就应该独立使用，但是现在工作室的经费仍然挂靠在政府部门的司法所，工作室花每一笔经费都需要审批，工作室没有自主权。还有就是工作室调解成员的车费、餐费都是参照公务员报销机制，工作室没有独立的财务，这些花费报销特别困难，目前我们是通过加班费给予报销。项目经费也不能用于报销成员的车费和餐费。希望民非组织能有自己独立的一套财务和报销机制。（YJ 社区“老娘舅调解工作室”主任 ZJD）

目前调解员的办案津贴发放存在较大问题。工作室有的调解员是社工，还有的是其他事业编制的干部工作人员，现在的问题就是办案津贴不能发。也就是说你办案再多，耗费精力再大，跟收入也一点儿关系都没有。他们自己也在叫屈，原本是一个激励机制，现在对于他们来说一点儿意义也没有。而且他们明明知道这是他们应该拿的，现在却不能拿，心里反而更别扭，甚至产生消极思想，觉得不做也无所谓。（JY 街道 JH 调解工作室主任 LJH）

另一方面，调解组织的人力资源依赖。从调解组织的组成成员来看，其工作人员大多具有明显的官方背景。周街道“老娘舅调解工作室”的主任原来为该街道人民调委会的工作人员，工作室其他调解员均为居委会退休的干部，这种官民二重性的身份互嵌能够帮助工作室实现更好的资源链接，减少来自政府部门的限制。其他人民调解工作室在人员构成上也具有类似的特点。专调中心监事组的主要成员之一则是区司法局某职能部门的负责人。在这里，组织成员多种身份的“互嵌”达到了合作、融合、平衡的状态①。

首先我们是民非组织，也就说调解是免费的。但是在我们承接法院案子的过程中，有很多个体可以利用自己的资金打通关系，然后承接标的更大的案例。但我们是不可能的，也就是说我们在调解的过程中是不可能产生灰色收入的，因为中心里面的财务监事组管理非常严格。（DF 调解中心商调部调解员 TZQ）

但是，这种人力资源依赖也为调解组织带来了显著的人力资源约束。主要体现在三个方面：

第一，领军人才来源单一。浦东新区人民调解工作室的成立和运转在很大程度上依靠带头人的作用。这类带头人主要由三部分组成——有威望

① 田毅鹏、张帆：《社会矛盾调处中政府与社会组织的“互嵌性”运作——以 J 市信访法律事务服务中心为例》，《社会科学》2018 年第 5 期，第 63—75 页。

的老领导、过去有经验的司法工作者和地方上的离退休干部，他们构成了调解类社会组织的领军人才。可以看出这些人的身份特征具有一定的共性：他们大多曾经是国家行政系统的工作人员，而且，这些人主要是基于政治觉悟、社会责任感和职业惯性从事人民调解工作，具有独特的人格魅力和社会权威，因而在调解工作中有较大的优势。但是，由于年龄普遍偏大，这些领军人才会随着家庭状况、自身身体状况的变化而处于不确定的状态，无法保证参与调解工作的持续性。在对 TQ 社区 LC 法律服务工作室进行调研时，主任 CZJ 说："我们工作室原来有三位专业的医疗系统退休人员，都做得很好，但是都是家里有情况。儿媳生小孩了，他要回去带孩子；或者儿子在美国留学，他要跟着儿子去美国。这都是没有办法的事情。"可见，人民调解工作室的人才后备力量明显不足，甚至可能出现将来没有人接手而导致工作室处于停滞状态的情况，不利于调解事业的传承和发展。

第二，人才梯队不合理。人民调解工作室的调解员大多是离退休人员，年龄普遍偏大，同时年轻人才后备不足，难以形成合理的人才梯队，这一难题甚至超过了财政独立问题，成为多数工作室最为担忧的问题。年龄偏大的调解员有经验但是专业性不足，尤其是面对越来越多的复杂纠纷会心有余而力不足，面对一些紧急情况和突发状况也可能无能为力。同时，在社会调解工作越来越趋向规范化的今天，调解工作室的日常工作也要严格按照程序化、电子化方式运作，因而年纪较大的调解员可能需要为此花费更多的时间和精力去适应、去学习。为了应对这种情况，部分调解工作室会临时借用社会工作者帮忙，有的工作室则招聘社会工作者参与调解工作。这又在原来的政府购买服务的基础上，增加了额外的人工费用。也就是说，调解组织存在一定的人才断层，主要是缺乏 40～50 岁这一年龄段的人才，如何培育这一年龄段的人才关系到调解组织的后续发展。

第三，人民调解员的专业化、职业化发展不足。随着新型矛盾纠纷以及专业性、行业性矛盾纠纷的大量出现，传统意义上的人民调解员可能在知识、能力等方面难以胜任新型纠纷调解工作。参与人民调解的调解员需要法学、心理学、经济学、社会工作等方面的专业知识，还需要对人民调解工作充满热爱并持之以恒。当前，调解组织的调解员队伍建设呈现年轻化趋势，而真正的专业人才还比较少，调解类社会组织在发展中需要更多人才。但是，由于调解员的薪酬待遇参差不齐，职业发展前景不明朗，调解组织很难招到人才和留住人才。这使得专业调解员队伍不稳定，人员流动性大，人民调解工作室发展不平衡，特色化、专业化程度有待提高。同时，街镇、居村等基层调解组织的成员，不仅是集调解、信访、综治等多重职责于一身，也经常面临转岗、调岗问题，这在一定程度上影响了基层调解组织人才队伍的稳定性和专业化。

然后就是我们底层调解工作人员的资质问题。我们算什么？退休法官？我们三个倒是都有法官证书的。还是退休公务员？调解工作室的组成人员是否需要资质认证？《人民调解法》好像没有很明确地规定人民调解员到底怎么产生。上面能不能考虑这件事，进行出任资格培训，然后发放调解员资格证，尽可能让做这个工作的人"名正言顺"。现在我们遇到一个笑话，物业行业协会的调解员去B区调解物业纠纷，这个纠纷是涉及P区和B区两个区的跨区纠纷，去到那里以后人家问你是谁，你代表谁？结果拿不出什么证明，被人家赶回来了……人民调解员得有资质认证，但是这个资质谁来认证、怎么认证？如果一个协议成功了，后来当事人反悔了，反悔的理由是调解员没有资格来调解，如果没有在司法局备案那就成问题了。所以这个问题必须解决，哪怕人民调解员的门槛很低，但只要司法局有报备，一查能查到，那就说明司法局认可调解员的资格。虽然现在这个事情还没发生，但一旦发生，通过网络一转发，传播会很迅速的，人民调解的威信就会受到影响。（PX社区DYX调解工作室主任DYX）

（二）运作网络嵌入

人民调解组织的运作过程深受其与政府部门所形成的社会网络结构的影响。这主要表现在如下三个方面：

首先，政府部门是调解组织的业务主管和指导单位。在调解组织成立之初，其业务主管单位就向其同级单位进行宣传和推广，为调解组织的运行网络拓展空间，减少运作中可能会出现的障碍。

> 我们调解员需要定期去六里法庭接受培训，因为我们也是要不断给村（居）委会培训的，在给别人传授知识的同时，自己肯定也要不断地补充知识。（周街道“老娘舅调解工作室”主任 LQH）
>
> 我们物调部可以跟建交委打交道，可以跟市房管局打交道，我们还可以跟法院打交道，一般社会组织要跟行政部门或者是司法部门去衔接的话是非常非常难的。原因是当时组建的时候，业务指导单位是司法局，但是文件上面写的合作部门也是有指导的，就规定了建交委跟法院对我们是有业务指导工作的，所以说我们在这个业务上面得益于他们的一线指导，这就是更加体现了我们的这个组织的专业性吧，这是一种优势。（DF 调解中心物调部调解员 SY）

可以说，正是得益于其业务指导单位的权威，调解组织能够天然地获取来自政府部门的优质资源。

其次，政府部门是调解组织业务开展的重要来源和最终“归宿”。调解组织服务的开展离不开政府有关职能部门的支持和配合。例如，周街道“老娘舅调解工作室”服务的开展依托于街道司法所、街道信访办、公安派出所、基层法庭等基层部门。专调中心服务的开展依托于市房管局、区人民法院、区建设和交通委员会、各街镇房管办、各村（居）委会等部门。从调解案件来源上看，除去受理居民主动寻求调解的案件外，政府职能部门转移过来的适合调解的案件是人民调解工作室和专调中心服务工作的重点。从案件受理和调解的程序上来看，人民调解工作室和专调中心在处理好政府部门转移来的案件后并不意味着服务的结束，工作室和中心需将案件调解的结果告知原转移单位，形成调解工作的闭环。这也有利于形成调解组织与政府部门之间的良性互动，形成双方之间更加持久、深入的合作关系。

最后，各项工作联席会议制度加深了政社互嵌关系。调解组织不仅在外部结构上嵌入政府网络中，其内部运作也嵌入政府工作网络中。

我们工作室每个月都会与司法所开一次会议，还有所有的调解员，一方面是对近期调解的这些案件做一个经验分享，看看有什么可以相互学习的地方，大家彼此交流下；另一方面也是跟街道或者司法所也好说一下工作室的发展情况，因为领导也是挺关心我们的，其他街道的工作室也做得很好，比如东明路街道的FHM工作室，所以我们也是在不断学习的。（周街道“老娘舅调解工作室”主任LQH）

专调中心的情况与此相似，也建立了与政府部门的密切联系制度。

我们与法院之间肯定是保持着密切联系的，我们主要是派两个人负责主动跟法院那边对接，然后每个季度的最后一周找个时间我们会开一个碰头会，讨论一下最近调解有什么问题和变化，彼此需要改进的地方在哪里，等等。（DF调解中心物调部调解员SY）

通过跨部门之间的联席会议，专调中心在实现政府部门与调解组织就调解业务进行沟通的同时，也推动政府部门向调解组织传递工作部署和进行监督管理。

通过结构性互嵌，调解组织利用政府部门提供的运作资源和运作网络，实现了调解组织的有效运转。反之，政府部门也通过制度设置、资源嵌入和网络嵌入等影响了调解组织的运行逻辑与发展趋向。当然，结构镶嵌也可能导致的是“社会组织结构的准政府化，与政府组织结构的趋同使得社会组织逐渐偏离非政府性、志愿性和独立性的组织特性”[①]。在某种程度上，调解组织与政府部门之间形成了一种不可分离、互为依托的关系。有关研究也表明，在社会组织刚刚起步和尚未发展完全的情况下，“嵌入式治理”是“集体无意识”的产物，其最大的合理性在于既满足了政府整体支配和公共服务的需要，也满足了社会组织参与社会治理和自我

① 王志华：《论政府向社会组织购买公共服务的体制嵌入》，《求索》2012年第2期，第66—68页。

实现的需要，符合政府与社会协同共治的社会治理趋势。①

第二节 调解组织的反嵌差异与发展分化

有学者对国家—地方互嵌关系下的地方治理展开研究，认为嵌入式治理应当包括“国家嵌入”和“地方反嵌”两个层面，即在关注国家环境如何影响地方治理效果的同时，也要关注地方化行动对国家环境的反作用。② 当前，传统的“行政吸纳政治”的概念正在被“政社互嵌”的概念所取代。③ 因而，调解类社会组织在通过嵌入式治理的方式参与基层矛盾纠纷化解的同时，也具有一定的自主性和反嵌能力，因其组织特性、组织资源等因素的差异而呈现出不同的发展面向，这进一步推动了政府主导的社会风险治理体系的形成。

一、政府偏好与调解组织的发展差异

如前所述，以人民调解工作室、专调中心为代表的各类调解组织与政府部门之间存在着千丝万缕的联系，调解组织至少在当下对政府还具有较强的依赖性。首先，从产生机制来看，各级人民调解组织大多是在政府部门的指导下成立的，调解组织的人民调解员在一开始也大多是国家公职退休人员，之后才逐渐增加了部分的社工或社会招聘人员，这使得人民调解组织与政府部门之间具有天然的亲和性。其次，人民调解组织在性质上是属于政府体制之外的第三方社会组织，但实际上其资源获取状况更多地依赖于司法行政部门的支持程度，由于政策限制，其既不能收费也较少受到企业、社会的捐赠，缺乏自给自足的能力，其在矛盾纠纷化解中的效果往往也受到政府重视程度、职能部门配合度等方面的影响。最后，人民调解

① 吴斌才：《从分类控制到嵌入式治理：项目制运作背后的社会组织治理转型》，《甘肃行政学院学报》2016 年第 3 期，第 80—87 页。

② 何艳玲：《“嵌入式自治”：国家——地方互嵌关系下的地方治理》，《武汉大学学报（哲学社会科学版）》2009 年第 4 期，第 495—501 页。

③ 田毅鹏、张帆：《社会矛盾调处中政府与社会组织的“互嵌性”运作——以 J 市信访法律事务服务中心为例》，《社会科学》2018 年第 5 期，第 63—75 页。

组织的日常运作也与政府部门联系紧密，尤其是在街镇层面，大部分的人民调解工作室实质上与街镇调委会合二为一，这使得作为社会组织的人民调解工作室日益行政化，甚至可能演变成街镇司法所的一个下属办事机构。

这表明，政府偏好在很大程度上影响了人民调解组织的资源获取及发展路径。这种偏好既体现在人民调解组织的功能定位上，也体现在其调解效果和功能发挥上。作为当下浦东新区人民调解组织的主体，虽然人民调解工作室和专调中心都致力于提供人民调解服务，但二者在功能定位上表现出了明显的不同。人民调解工作室的主要职责是承接来自所在街镇的邻里纠纷、家庭纠纷、日常生活纠纷等，其服务群体主要定位在社区层面。基层政府主要通过对社区精英进行再组织，并给予免费的办公场地和有限的运作经费，使之承接基层矛盾纠纷化解的职能，其运作与发展更多受到所在街镇的约束与限定，具有一定的科层化倾向。而专调中心则是建立在区级层面的专业化调解组织，其面对的是来自全区的医疗纠纷、交通纠纷、物业纠纷等专业性和行业性矛盾纠纷，涉及范围更广，解纷专业性要求更高。为此，地方政府为推动专业调解组织的发展给予其较为充分的政策与技术支持，使之能够以相对自主的方式招聘专业人才、开展调解业务和拓展组织发展空间等。

从运作效果来看，这两类调解组织均能够在各自范围内有效发挥矛盾纠纷化解的作用。对街镇层面而言，扎根于社区、服务与社区的人民调解工作室这类调解组织能够充分利用地缘优势，在社区矛盾纠纷化解中具有便民、快捷、权威性高、执行力强、成本低等特点。专调中心这类专业调解组织在社区则不一定适用且可能形成资源浪费。同理，对于区级层面来说，专调中心等专业化调解组织则在矛盾纠纷化解中能够充分发挥出专业、准确、高效等特点，这些专业化矛盾纠纷往往是人民调解工作室无法应对和处理的。地方政府对这两类调解组织在资源嵌入上的“区别对待”实质上反映出对调解组织发展定位的精准把控和治理资源的最大化利用，在资源约束下为实现最佳的治理效果而对调解组织采取不同的发展策略。从而形成了前文所说的“分类分级”的多层次调解网络体系。这在本质上是地方政府有意识选择和塑造的结果，也是调解组织利用自身所掌握的组织资源、专业能力不断“反嵌”和发展的结果。

二、政社互嵌中调解组织的三重面向

在政社互嵌的治理环境中，浦东新区的人民调解组织不断发展壮大，并逐渐呈现出三种不同的组织发展趋向：第一类是以人民调解工作室为代表的准社会化模式；第二类是以专业调解中心为代表的社会化模式；第三类是以民商事、金融纠纷调委会为代表的准市场化模式。当然，这种划分不是绝对的，如同马克斯·韦伯的“理想类型”（idea type），只是在剥离具体经验要素的基础上对人民调解组织建构的分类模式。“这种理想的、客观化的概念有助于我们在研究中增长推断（因果归属）的技巧；它不是‘假设’，但它提供了构想假设的方向；它不是对实在的描述，但它的目的却为这种描述提供了一个明晰的表达手段。”① 在实际中，调解组织的发展表现出以某一种发展趋向为主，但也可能同时存在三种趋向的部分特征。

（一）以人民调解工作室为代表的准社会化模式

传统居村调委会存在一定的组织弱化和功能弱化，加之社会矛盾纠纷的多样化、复杂化，从而“催生”了人民调解工作室的产生和发展。其主要职能在于化解社区疑难矛盾纠纷，协助司法行政工作，配合法院、派出所和信访等部门做好委托调解，并指导和培训居村调委会的调解工作。可以说，人民调解工作室已经成为当前基层人民调解体系的主体之一，他们的发展关系到整个人民调解工作的发展。例如，周街道“老娘舅调解工作室”在周街道的扶持下稳步发展，与街道司法所、公安派出所、基层法院等主体间建立了稳健的关系。工作室调解员在积累了大量调解经验和接受政府部门协作的情况下，对街道层面的调解工作越来越熟练，因而发挥着不可或缺的重要作用。与此同时，其作为民间性的社会组织积累了大量的

① 苏国勋：《理性化及其限制：韦伯思想引论》，上海人民出版社，1998，第285页。

社会信任和网络资源。但在拓展调解业务、扩大服务范围这一发展问题上，调解工作室主任则明确表明了自己的态度：

> 我们在这个街道工作比较方便，比如说我们设立了一个窗口，工作范围都是比较熟悉的，司法所、派出所这些我们都是比较熟悉的。像我们窗口的两个人，每天接待七八档人，每个一讲都是半个小时到一个小时。本来我们这里人员就紧张，所以也没有多余的精力去做别的事情了。我想是这样的，我本职工作就是把街道交给我的一些项目踏踏实实做好，这样就可以了。因为这个纠纷是会不断延伸的，不知道哪一天会发生什么情况。（周街道“老娘舅调解工作室”主任LQH）

由此可见，该调解工作室主任对于调解组织走出去其实持消极态度。相比于组织进一步扩大发展，她更希望工作室的发展是寄居在街道范围内。在她看来，人员不足、环境不熟悉等都是限制工作室发展的重要原因，但在根本上她更多地将工作室当成街道的内生性组织，其组织职能主要就是完成街道交办的项目和任务，至于组织发展问题则是上级部门需要考虑的问题。当然，在实际中，也还存在另一类不断将调解业务拓展到所在街镇之外的情形。例如，冯红梅调解工作室具有较为广泛的社会影响，除了承担本街镇的调解工作之外，有时也会承担其他街镇委托的调解业务。无论是将人民调解业务主要限定在本街镇范围内，还是扩展到其他街镇，这两类人民调解工作室实质上都属于深层嵌入，即它们都较多地依赖于体制资源的庇护和保障，其日常运作具有行政化、社会化的双重特性，都可能在一定程度上成为街镇司法行政机构下属的职能部门。

（二）以专调中心为代表的社会化模式

与处于深度嵌入的人民调解工作室不同，专调中心面向的是全区专业性、行业性领域的矛盾纠纷，通过社会化的运作方式提供专业化矛盾纠纷的化解服务。这一方面体现在专调中心自身的专业能力方面。专调中心是政府在整合全区调解资源、助推人民调解转型升级的过程中培育发展起来的，中心通过调解程序规范化、调解员队伍专业化和职业化、调解对接机制多元化等措施，为民众构建了“一门式”的非诉讼纠纷解决路径。随着医调委、物调委、交调委、迪调委、工商联调委会等调解力量的进驻，及其专业化矛盾纠纷化解服务的开展，专调中心逐渐成为浦东新区人民调解体系的一张“名片”。在这个过程中，中心的专业能力不断增强，社会影响与日俱增。随着专调中心的专业能力提升和社会化发展，其所具备的反嵌能力得以不断增强，从起步之初的深度嵌入逐渐走向浅层嵌入，即在逐渐弱化政府影响的同时，最大限度地推动组织自主性的发展，使之逐步达到第三方社会组织的“名”“实”相符状态。

另一方面，专调中心的社会化运作也体现在其不断“走出去”拓展组织资源、推动组织发展。推动其走出去的动力除了政府经费支持的减少和自身能力的提升外，还有对于专业化解纷的社会需求。

> 目前，DF 调解中心的发展虽然存在一些不足，但是趋势还是非常明显的，就是发挥了很大的作用，实际效果非常明显。像他们在交通事故方面处理的纠纷一年大概有七八千件，这个数量是非常可观的。还有商调的话，去年一年是 500 多件，而我们今年上半年就已经 500 多件了。由此我们可以看出调解中心是发展得很快的，这也证明了我们当时决策的正确性。（P 区司法局工作人员 XHW）

浦东新区专调中心的交调委、物调委等部门在不断承接职能部门委托调解的同时也更多地走向了市场，通过向其他街镇提供服务来开拓组织资源和市场，以推动专调组织的可持续发展。区别于人民调解工作室的准社会化模式和深层嵌入，专调中心所呈现的更多的是一种普遍意义上的社会化模式和浅层嵌入。调解组织则仍然要受到体制的约束，但其在组织运作、发展等方面的自主性已经显著增强。

（三）以金融类纠纷调委会等为代表的准市场化模式

在专业性、行业性矛盾纠纷化解领域，如果进一步细分的话，可以发现其中的调解组织其实呈现出两种不同的发展趋向。一种是以医调委、物调委、交调委、迪调委为代表的社会化模式，另一种则是以工商联调委会、证券基金期货业纠纷联合人民调解委员会、银行业纠纷调解中心等金融类纠纷调委会为代表的准市场化模式。虽然这两种模式都以专业化力量作为支撑，但前者还是属于人民调解的范畴，以政府购买服务资金为主，化解民间纠纷不收取任何费用。而后边这些新型调解组织在一定程度上已经超出了人民调解的范畴，他们基于行业特性而发展出了一些新的经费筹集渠道和运作机制。在这些新领域，矛盾纠纷化解的专业性、行业性要求更高，这些调解组织具有更强的反嵌能力，他们通过自身在行业领域的优势和影响力不断扩展调解服务的市场范围。

其具体运作也不尽相同，如工商联调委会正在逐步探索针对商事纠纷调解采取商业性收费模式，银行业纠纷调解中心则通过同行业内部会员费的形式筹集经费。证券基金期货业纠纷联合人民调解委员会也采取会费的形式获取资金，且为充分发挥证券、基金、期货等各同业公会的专业优势，该调委会在每一个同业公会分设调解工作室，分别处理涉及各自行业的纠纷调解工作，形成统分结合的双层运行体制，以通过上下联动、相互配合共同做好行业纠纷调解工作。比较而言，这些调解组织的准市场化运作主要体现在旺盛的市场需求、较多的资源供给、专业的人才保障、相对自主的发展空间等方面。这在一定程度上已经是从浅层嵌入逐步走向市场，甚至走向脱嵌的状态。这类调解组织希望能够像律师事务所一样对调解业务收取相应的费用，虽然目前还处于探索之中，但无疑代表了人民调解工作的一种新的发展趋势。

第三节 政社关系重塑与基层治理创新

浦东新区的人民调解组织参与基层矛盾纠纷化解，体现了政府与社会力量之间的相互嵌入。正如马克·格兰诺维特所言：“行动者既不是像独立的原子运行在社会脉络之外，也不会奴隶般地依附于其所属的社会类别赋予他的角色，他们具有的目的性行动企图实际上是嵌入在真实的、正在运作的社会关系系统之中的。"① 这种互嵌式治理，在一定程度上重塑了既有的政社关系，也推动了“共建共治共享”社会治理新格局的发展。

一、“国家中的社会”与“社会中的国家”

在社会转型时期的基层矛盾纠纷化解中，社会对公力救济的需求远远超越现实供给，结构化、刚性化的制度体系难以有效应对错综复杂的现实纠纷，市场的选择偏好亦使之处于失灵状态，作为社会力量的人民调解组织得以被重新重视和发展起来，从而以组织化、专业化的方式深度参与到基层矛盾纠纷化解中，形成了互嵌式治理的格局与逻辑。通过制度互嵌、关系互嵌、功能互嵌和结构互嵌等维度，基层政府将人民调解组织纳入国家治理系统中，人民调解组织也借此机会获得快速的发展，从而推动了基层治理体系和治理能力的现代化。这实质上反映了政府与社会组织之间的一种互动关系，社会组织参与风险治理，既不能独立在国家体系之外，又不能过于依附传统的治理路径，而是以既有的体制保障和有效服务为依托，在委托代理中不断增强组织自身的能力建设，逐渐养成组织的自主性，进而成为现代社会风险治理体系中不可或缺的重要组成部分，以破解传统社会风险治理体系的结构性困境。这也体现了一种社会韧性，即在面对外界不确定性与干扰因素时，社会系统自身具有调节、恢复和适应的能力，以维持社会结构的总体均衡。②

有学者认为，国家推动人民调解社会化、专业化并不是为了提升社会的自组织能力，而是为了扩大自身的治理资源。③ 国家在没有精力强化基层调委会的情况下，以购买调解组织服务的形式实现了基层社会的有效治理。但同时，这并不意味着社会的权力必然遭受到了弱化，调解组织也在

---

① ［美］马克·格兰诺维特：《镶嵌：社会网络与经济行动》，罗家德译，社会科学文献出版社，2007，第 8 页。

② 赵方杜、石阳阳：《社会韧性与风险治理》，《华东理工大学学报（社会科学版）》，2018 年第 2 期，第 17—24 页。

③ 熊易寒：《人民调解的社会化与再组织——对上海市杨伯寿工作室的个案分析》，《社会》2006 年第 6 期，第 95—116 页。

利用各种策略同国家进行博弈，以谋求自身的利益。[①] 人民调解组织在依赖国家资源实现自身发展的同时，也通过自身积累和能动性以求实现更多的发展。因此，即便是在属于“限制性介入性事务”的矛盾纠纷化解领域，社会组织也因为各类资源的嵌入实现了组织发展并具备了一定的反嵌能力。[②] 这其实在一定程度上改变了长期以来的“国家—社会”的二元对立，或“强社会—弱国家”“强国家—弱社会”的类型学划分。[③] 在基层矛盾纠纷化解中，国家与社会是相互促进、共同发展的，在互嵌、共治中形成了“国家中的社会”和“社会中的国家”。

二、迈向“共建共治共享”的社会治理新格局

党的十八届四中全会提出，要健全社会矛盾纠纷预防化解机制，完善调解、仲裁、行政裁决、行政复议、诉讼等有机衔接、相互协调的多元化纠纷解决机制；加强行业性、专业性人民调解组织建设，完善人民调解、行政调解、司法调解联动工作体系。这为新时期人民调解工作的发展指明了方向。从推进基层社会治理的角度来看，这就是要转变治理思维，树立政府主导下的多元治理理念，充分发挥政府、市场、社会等多主体的力量，构建基层矛盾纠纷化解的“分类分级”体系。同时，基于浦东新区人民调解的实践，国家也需要对人民调解组织的发展提供差异化的政策支持。对于基础性、民生类矛盾纠纷，应当由政府购买服务，主要依靠基层调解组织来化解；对于市场化程度较高、行业性较强的金融、民商事等领域的矛盾纠纷化解，以社会购买服务为主，由专调中心加以化解。在此基础上，逐渐建立起以政府购买服务为基础、专行业购买服务为拓展、社会捐赠为补充的多元化资金来源渠道。[④] 这有利于进一步促进基层矛盾纠纷

---

① 熊易寒：《人民调解的社会化与再组织——对上海市杨伯寿工作室的个案分析》，《社会》2006 年第 6 期，第 95—116 页。

② 田毅鹏、张帆：《社会矛盾调处中政府与社会组织的“互嵌性”运作——以 J 市信访法律事务服务中心为例》，《社会科学》2018 年第 5 期，第 63—75 页。

③ 杜玉华、吴越菲：《从“政社合作”到“互嵌式共治”：社区治理结构转型的无锡实践及其反思》，《人口与社会》2016 年第 1 期，第 4—13 页。

④ 上海市浦东新区司法局课题组：《人民调解在城市管理中的风险防范研究》，《人民调解》2019 年第 7 期，第 29—32 页。

化解与社会治理创新。

当前，我国各地不断加强对人民调解的发展探索，除了以浦东新区为代表的上海模式外，还有山东德州的“陵县模式”、浙江诸暨的“枫桥经验”、江苏南通的“南通模式”、北京的“朝阳模式”等实践和经验。[①] 这些基层矛盾纠纷化解的运作实践，实际上预示着国家对社会的作用机制从之前的“吸纳抑制”转变为新时期的“互嵌合作”，从而释放了社会活力，营造出社会运作的新空间。[②] 在这个新空间中，国家与社会的角色定位、资源传导、互动模式等都发生了显著的变化。“国家权力与社会的公共权力在对接过程中，‘自上而下’的政府权力向度倾向于将其力量尽量向下推进，而‘自下而上’向度的社会自治力量则倾向于尽量向上推进，二者频繁互动的结果，形成了国家与社会交汇处的权力‘重层结构’，国家力量与社会力量相互吸纳并糅合在一起，相互磨合、渗透。”[③] 在国家与社会不断“磨合”与“渗透”的过程中，新时期“共建共治共享”的社会治理新格局正在“孕育”和形成。

综上，浦东新区的人民调解组织在基层矛盾纠纷化解中的参与与实践，实质上体现了国家与社会的互嵌式治理。这是对传统的嵌入理念的深化与发展。如果不做苛刻的要求，不一定要按照概念提出者赋予的既定意义去使用概念，而是在某种相近的意义上展开分析，并用于新的分析对象，这样或许会延长这一概念的分析链条，并使这一概念有更宽广的意义。[④] 有学者认为，人民调解的社会化实际上是国家控制的社会化，同时导致了人民调解的行政化和司法化。[⑤] 但实际上通过制度互嵌、关系互嵌、功能互嵌和结构互嵌，以人民调解组织为代表的社会力量和国家之间

① 毋爱斌：《对我国人民调解各地模式的考察》，《法治论坛》2009 年第 2 期，第 23—33 页。

② 田毅鹏、张帆：《社会矛盾调处中政府与社会组织的“互嵌性”运作——以 J 市信访法律事务服务中心为例》，《社会科学》2018 年第 5 期，第 63—75 页。

③ 田毅鹏、薛文龙：《“后单位社会”基层社会治理及运行机制研究》，《学术研究》2015 年第 2 期，第 48—55 页。

④ 王思斌：《中国社会工作的嵌入性发展》，《社会科学战线》2011 年第 2 期，第 206—222 页。

⑤ 彭勃：《国家控制和社区治理：以上海社区调解为例》，《复旦政治学评论》2003 年第 1 期，第 218—239 页。

突破了以往单向传输的模式，构建了一种双向嵌入的通道与模式。[①] 在这个过程中，虽然双方的“互嵌力不均衡”，但人民调解组织根据组织特性、组织资源等因素的差异而呈现出三种不同的发展面向：以人民调解工作室为代表的准社会化模式，以专调中心为代表的社会化模式，以金融类纠纷调委会等为代表的准市场化模式。这在一定程度上重塑了国家与社会的关系，形成了“国家中的社会”与“社会中的国家”，也推动了“共建共治共享”社会治理新格局的发展。

---

① 田毅鹏、张帆：《社会矛盾调处中政府与社会组织的“互嵌性”运作——以J市信访法律事务服务中心为例》，《社会科学》2018年第5期，第63—75页。

第十章　城市基层矛盾纠纷化解的社会机制

当前，我国正处于社会转型期，社会结构不断分化与重组，社会利益关系不断调整，不同阶层和群体的社会心态不断分化与多元化，这使得基层矛盾纠纷呈现多样化、复杂化的趋势。传统以政府为主导的矛盾纠纷化解模式难以有效适应错综复杂的解纷需求，市场的选择偏好和逆向选择导致容易出现市场失灵，作为社会力量的人民调解组织得以被重新重视和发展起来，从而以组织化、专业化的方式深度参与到基层矛盾纠纷化解中。这能够在一定程度上解决因政府失灵和市场失灵而带来的问题，提高风险治理的效能和水平，推进基层社会治理体系和治理能力的现代化。本书以上海市浦东新区的人民调解组织为例，以嵌入性治理为分析视角，利用深度访谈资料，对人民调解组织参与基层矛盾纠纷化解的路径与机制进行系统研究，进而反思由此导致的新时期政社关系的变革与重塑。

第一节　风险治理社会化：机制、路径与结果

本书的主要研究发现集中体现在以下几个方面。

（一）人民调解组织在基层矛盾纠纷化解中的比较优势

在我国“压缩式现代化”的进程中，社会面临的不确定性和风险不断积聚，社会风险呈现出风险类型多样化、风险来源多元化和风险关系复杂化的特征，且这些社会风险具体表现为结构性风险、政策性风险和文化心态风险等。同时，“中国式风险社会”凸显，即大多数风险是多种风险因素长期累积、相互叠加的结果，且社会风险的转移与分配机制，以及认

知、放大与扩散机制等均出现新变化。具体而言，浦东新区的基层矛盾纠纷主要呈现如下特点：传统矛盾纠纷与新型矛盾纠纷并存，人们思想观念的变动加剧解纷困难，矛盾纠纷化解的专业性更高。浦东新区在基层管理中主要面临三类矛盾纠纷：一是重大工程、重要项目和重点整治引起的矛盾纠纷，二是老旧小区、大型居住社区等因物业管理与服务引发的物业管理矛盾纠纷，三是营商环境优化中的新型涉金融矛盾纠纷。

基层矛盾纠纷化解存在国家、市场和社会三种机制。政府机制利用政治权力和行政体系，能有效动员制度性资源，其在纠纷化解中具有权威性、强制性、整合性、渗透性强等优点，但也存在成本高、效率低甚至是权力滥用等问题。市场机制通过社会分工体系促进大量专业化组织的产生以满足纠纷化解需求，促进了风险的社会分担和治理绩效，但信息不对称、逆向选择、风险分担不均等问题容易导致出现市场失灵。以人民调解组织为代表的社会力量利用其独立性、专业性、草根性、整合性的比较优势，在政府购买服务等政策支持下，以参与公共事务、提供社会服务、解决社会问题、倡导社会政策等方式参与矛盾纠纷化解，在一定程度上能对政府失灵和市场失灵进行弥补，推进基层矛盾纠纷的有效化解，降低社会风险。

作为一种主要的非诉讼纠纷解决机制，人民调解是在我国传统民间调解的基础上逐渐发展而来的。当今的人民调解已经完全不同于以往的老娘舅式的传统调解，而更多呈现出组织化、制度化、规范化、专业化等特征。人民调解是维护社会和谐稳定的“第一道防线”，也是我国宪法规定的基层民主自治的重要内容。人民调解组织不仅是社会组织的典型代表，也是社会风险治理的重要主体，其在基层矛盾纠纷化解中具有显著作用：一方面，政府的行政治理目标可以通过调解组织的运作下达到基层社会，拓展了政府治理体系，提升了政府治理能力，也增强了基层社会治理的效果；另一方面，人民调解组织可以自下而上地传达民意，起到了联系政府与社会的桥梁作用。这表明，在面对社会不确定性与社会风险时，人民调解组织的效能不仅体现在直接的矛盾纠纷化解方面，也体现在进行道德教化、推进基层政权建设和社会治理创新等方面。

（二）人民调解组织参与基层矛盾纠纷化解的两种运作机制

经过多年发展，当前浦东新区社会组织参与矛盾纠纷化解工作的整体格局是“枢纽型调解组织—专业化调解组织—基层调解组织”。其中，枢纽型调解组织是区人民调解协会；专业化调解组织主要是区层面的专业人民调解中心，以及各个专业性、行业性人民调解委员会；基层调解组织主要是街镇人民调解委员会（包括街镇发起成立的人民调解工作室）和各居村人民调解委员会。这三者共同形成了人民调解组织参与矛盾纠纷化解的三重架构和整体合力。从组织性质上看，这些调解组织中既有社会团体和社会服务机构，也有群众性组织。在基层矛盾纠纷化解中，人民调解组织的参与主要呈现为以下两种运作机制：

一类是被“催生”“吸纳”和限定的基层人民调解组织，主要以街镇层面的人民调解工作室为代表，其运作具有准社会化的特性。在社会快速发展的过程中，基层矛盾纠纷呈现出多样化、复杂化等特点，但以居村人民调委会为代表的传统调解组织的发展有所弱化，其作用受到了一定的限制。上海在街镇层面探索成立独立第三方的人民调解工作室，政府以购买服务的方式推动作为社会力量的社会服务机构参与基础矛盾纠纷化解工作，弥补居村人民调委会的不足，持续推动人民调解工作的规范化、专业化和社会化发展。人民调解工作室专司街镇层面重大、疑难、复杂和跨地区、跨单位民间纠纷的化解。虽然人民调解工作室具有独立法人资格，也拥有体系化的调解内容和规范化的调解程序，但其自身普遍存在路径依赖和能力限制，在制度环境方面也面临人员、资金、服务等方面的约束。人民调解工作室的社会化、专业化发展之路还较为漫长。

另一类是在拓展中逐渐“走出去”的专业化调解组织，以区层面的专调中心为代表，其运作具有社会化、准市场化的特性。随着利益格局的深刻调整，人们的诉求更加理性化和个体化，矛盾纠纷更加专业化和复杂化，尤其是各种专业性、行业性矛盾纠纷不断增多，成为影响社会基层稳定的重要因素。由此，各种专门调处专业性、行业性矛盾纠纷的专业化调解组织开始建立并快速发展起来。浦东新区的专调中心是这种专业化调解组织的典型，专门处理医疗事故、物业管理、交通事故、知识产权等方面的矛盾纠纷。专调中心在发展中会得到行政部门的支持，也会受到干预乃至限制，但其在人员配置、资金使用、专业服务等方面越来越体现出更多的自主性。其调解员队伍呈现出专业化与职业化状态，资金来源具有有限多元化的特性。专调中心在专业化矛盾纠纷化解中发挥着更加显著的作用。

（三）人民调解组织逐渐被吸纳进社会风险治理体系的两种路径

社会组织是社会治理的重要主体和依托，实现国家治理体系和治理能力现代化需要社会组织的深度参与。经过多年发展，浦东新区的人民调解工作逐渐形成了“区—街镇—居村”三级调解网络，从而形成了人民调解组织参与矛盾纠纷化解的整体合力。其中，人民调解工作室处于较为关键的位置，它不仅在业务上主要负责街镇层面的重大、疑难性矛盾纠纷化解，而且在三级调解网络中扮演承上启下的角色，在处理与区、街镇、居村等不同层级调解组织的关系中，逐渐将各类调解组织有机联结起来。通过纵向的层级嵌套和横向的委托代理两种路径，人民调解组织被整合进国家的社会风险治理体系。

从纵向来看，在人民调解的“三级网络”中，人民调解工作室需要处理与区、街镇、居村等不同层级、不同主体之间的关系，建立了多种工作机制。其中，区一级主要由司法局从宏观上规制和约束全区的人民调解工作，对人民调解工作室的调解工作进行规范性指引；人民调解协会负责组织和协调包括人民调解工作室在内的各类人民调解组织，专调中心则负责托底解决各种专业性、疑难性纠纷。在街镇一级，司法所与人民调解工作室之间建立了联合调解工作机制，共同参与基层矛盾纠纷的化解工作，人民调解工作室和司法所之间存在依附与合作的双重关系。在居村一级，人民调解工作室与居村调委会分工协作，人民调解工作室通过对居村调委会及其调解员开展业务培训，并承接居村解决不了的疑难性纠纷，实现与居村调委会的合作共治。

从横向来看，人民调解工作室通过与法院、公安派出所、信访办等部门的衔接，形成了基层矛盾纠纷化解中的政社协同机制。具体来看，一是基层人民法院与人民调解工作室形成了委托调解关系，通过程序衔接、制度衔接和效力衔接建立了诉调对接机制。二是派出所与人民调解工作室建立了警民联调机制，实现了公安机关与人民调解组织的功能互补与合作，将大量非警务纠纷化解在基层，减少了民间纠纷向恶性案件转化的概率，有效降低了社会治理成本。三是信访办与人民调解工作室建立了访调对接机制，信访办将其信访工作职能委托给人民调解工作室，工作室对信访办的信访代理有利于降低信访成本，规范信访秩序，提高信访纠纷化解的速度和质量，切实降低不稳定因素和社会风险。由此，基层矛盾纠纷调解实现了司法调解、行政调解、人民调解的有机衔接，进一步完善了“三调联动”工作机制和“大调解”工作格局。

（四）人民调解组织参与基层矛盾纠纷化解中的嵌入与反嵌

浦东新区的人民调解组织在基层矛盾纠纷化解中的参与，实质上体现了国家与社会的互嵌式治理，这是对传统的嵌入理念的深化与发展。通过制度互嵌、关系互嵌、功能互嵌和结构互嵌，以人民调解组织为代表的社会力量和国家之间构建了一种“双向嵌入的通道与模式”。基层政府将人民调解组织纳入国家治理系统中，人民调解组织也借此机会获得快速的发展，推动了基层治理体系和治理能力的现代化。人民调解组织因其组织特性、组织资源等因素的差异而呈现出三种不同的发展面向：以人民调解工作室为代表的准社会化模式，以专调中心为代表的社会化模式，以金融类纠纷调委会等为代表的准市场化模式。在实践中，人民调解组织的发展表现出以某一种发展趋向为主，但也可能同时存在三种趋向的部分特征，这进一步形塑了政府主导的社会风险治理体系。

在国家与社会的互嵌式治理中，虽然政社双方的“互嵌力不均衡”，且社会组织的实际运作模式与机制不尽相同，但长期以来存在的“国家—社会”的二元对立模式在一定程度上得到了改变。浦东新区的实践表明，在基层矛盾纠纷化解中，国家与社会两种力量之间不一定是此消彼长的，而可能是相互促进、共同发展的，在互嵌、共治中形成了“国家中的社会”和“社会中的国家”。浦东新区的人民调解组织在基层矛盾纠纷化解中的深度参与，推进了以政府为主导的社会治理主体的多元化，形成了多方力量协同共治的风险治理体系，这不仅体现了上海的发展实践，也与全国其他地区一起形成了推进社会力量参与基层治理的典型经验，有助于进一步发展“共建共治共享”的社会治理新格局。

第二节　调解组织的差异比较与边界限制

本研究存在的不足主要体现在以下两点。

（一）调解类社会组织的内部差异比较有待深化

从实践上看，浦东新区参与矛盾纠纷化解的调解类社会组织类型众多，既有区、街镇、居村等不同层面的调解组织，也有社会团体、社会服务机构和群众性组织等不同性质的调解组织，每类调解组织在组织成因、人员管理、经费保障、运作模式等方面不尽相同，呈现出了各自的特点。本书主要对其中具有代表性的街镇层面的人民调解工作室、区层面的专调中心等调解组织进行了整体研究，但对此类调解组织的内部差异关注不足，且对居村层面调解组织的研究也有待深化。首先，人民调解工作室因各街镇经济发展情况、矛盾纠纷特点、支持政策、调解工作室领头人特性等多方面的差异而呈现出不同的发展状态。其次，专业性、行业性调解组织近些年来也得到了快速发展，医疗纠纷、物业管理、民商事纠纷等专调组织的发展及其产生的社会效果也不尽相同。再次，在人民调解更加强调社会化、专业化的今天，处于最基层的居村调委会如何持续运作与发展有待进一步分析。

（二）社会组织参与矛盾纠纷化解的边界有待厘清

近年来，在创新社会治理、激发社会组织活力的大背景下，社会组织承接着越来越多的社会服务，在社会治理中发挥着愈加重要的作用，但这并不意味着社会组织的作用是无限的。党的十八届三中全会也明确提出"适合社会组织提供的公共服务和解决问题的事项交由社会组织承担"，这表明社会组织承接公共服务也存在一定的边界与限制。虽然《人民调解法》已经明确规定人民调解主要解决"民间纠纷"，但是"民间纠纷"这一概念的内涵和外延过于笼统。在浦东新区的实践中，人民调解组织不仅要化解婚姻家庭、邻里纠纷等传统矛盾，还要更多地参与到征地补偿纠纷、动拆迁纠纷、劳资纠纷、医患纠纷、交通纠纷、房地物业纠纷、知识产权纠纷等领域，并广泛接受法院委托的民事案件调解，检察院、公安机关委托的轻伤害案件调解，以及治安案件调解、信访案件代理等多种原本属于专行业纠纷和公权力领域的调解。这使得人民调解组织似乎无所不能，而我们有必要对其参与矛盾纠纷化解的边界与限制进行分析。

第三节　调解组织的跟踪研究与模式提炼

本研究可在如下两个方面进一步展开。

（一）对人民调解组织自主性发展的跟踪研究

人民调解组织参与基层矛盾纠纷化解是一个长期的实践过程，相较于传统风险治理的两大主体即政府和市场而言，社会组织参与所带来的比较优势、社会效果等，需要更多的跟踪研究才能具体把握。而且，作为第三方力量，人民调解组织在矛盾纠纷化解中也具有一定的自主性。在调解组织发展初期，由于运作资源不足，其呈现的可能是依附式运作的特点，但这并不意味着自主性的永久缺失。调解组织在参与矛盾纠纷化解的过程中，如何利用既有的制度资源、组织自身的专业能力和组织优势，逐步发展出调解组织的自主性，这个自主性与政府的规制之间如何相互适应、调整，这些问题需要进一步展开深入研究。

（二）各地调解组织化解矛盾纠纷的实践与模式的比较研究

本书主要基于具有典型性的上海浦东新区的实践调查，探索基层矛盾纠纷化解的社会机制。实际上，全国其他地区在面对社会风险、维护社会稳定时，都会结合地方实际情况和特定需求，展开了不同类型的矛盾纠纷化解的地方实践。如前所述，除上海的人民调解工作室、专调中心等形式之外，四川省广安市也出现了以个人名字命名的调解工作室，山东省济宁市通过第三方社会组织化解医患纠纷，浙江省杭州市成立了“和事佬协会”，将民间调解力量正规化等，不一而足。这些不同的调解组织在制度环境、职能定位、运作机制、社会效果等方面的比较研究有待加强。探究不同区域、不同模式之间的特性与异同，提炼出社会组织参与矛盾纠纷化解的有益经验和作用路径，进一步推动基层矛盾纠纷化解与社会风险治理研究，是未来有待探索的课题。

参 考 文 献

一、中文文献

[1] [英] 安东尼·吉登斯. 现代性的后果 [M]. 田禾，译. 北京：译林出版社，2011.

[2] [英] 鲍勃·杰索普. 治理的兴起及其失败的风险：以经济发展为例 [J]. 漆燕，译. 国际社会科学杂志（中文版），2019（3）.

[3] 曹正汉，周杰. 社会风险与地方分权：中国食品安全监管实行地方分级管理的原因 [J]. 社会学研究，2013（1）.

[4] 陈磊. "风险社会" 理论与 "和谐社会" 建设 [J]. 南京社会科学，2005（2）.

[5] 陈秋玲，肖璐，曹庆瑾. 社会预警指标体系设计及预警评判标准界定——基于社会稳定视角 [J]. 公共管理高层论坛，2008（1）.

[6] 陈秋玲. 社会风险预警研究 [M]. 北京：经济管理出版社，2010.

[7] 陈盛兰，陈成文. 城镇化进程中土地开发的社会风险及其治理机制 [J]. 经济地理，2016（4）.

[8] 陈盛兰. 新常态下社会矛盾的综合治理 [J]. 福州党校学报，2016（1）.

[9] 陈向明. 质的研究方法与社会科学研究 [M]. 北京：教育科学出版社，2000.

[10] 陈秀峰，陈美冰. 风险社会中的社会组织参与性公共服务效能探析 [J]. 中国社会组织，2010（9）.

[11] 陈玉和，姜秀娟，等. 风险评价 [M]. 北京：中国标准出版社，2009.

[12] 陈志新. 关于在发展人民调解制度中吸纳国外 ADR 成果的思考 [J]. 中国司法，2005（4）.

[13] [美] 道格拉斯·C. 诺斯. 制度、制度变迁与经济绩效 [M]. 刘守英，译. 北京：北京三联书店，1994.

[14] 邓伟志. 关于社会风险预警机制问题的思考 [J]. 社会科学, 2003 (7).
[15] 董幼鸿. 社会组织参与城市公共安全风险治理的困境与优化路径：以上海联合减灾与应急管理促进中心为例 [J]. 上海师范大学学报 (哲学社会科学版), 2018 (4).
[16] 杜玉华, 吴越菲. 从“政社合作”到“互嵌式共治”：社区治理结构转型的无锡实践及其反思 [J]. 人口与社会, 2016 (1).
[17] 范愉. ADR原理与事务 [M]. 厦门：厦门大学出版社, 2002.
[18] 范愉. 多元化纠纷解决机制 [M]. 厦门：厦门大学出版社, 2005.
[19] 范愉. 社会转型中的人民调解制度：以上海市长宁区人民调解组织改革的经验为视点 [J]. 中国司法, 2004 (10).
[20] 冯必扬. 社会风险：视角、内涵与成因 [J]. 天津社会科学, 2004 (2).
[21] 复旦发展研究院. 双轮驱动：中国未来十年发展的战略选择 [M]. 上海：复旦大学出版社, 2012.
[22] [英] 格里·斯托克, 华夏风. 作为理论的治理：五个论点 [J]. 国际社会科学杂志 (中文版), 1999 (1).
[23] 葛天任, 薛澜. 社会风险与基层社区治理：问题、理念与对策 [J]. 社会治理, 2015 (4).
[24] 桂家友. 边缘化郊区到现代化城区：以浦东基层社会治理探索为视角 [M]. 上海：上海人民出版社, 2016.
[25] 桂家友. 国家与社会变革中的城市社会治理研究 [M]. 上海：上海人民出版社, 2015.
[26] 郭星华, 隋嘉滨. 城市化进程中的社会风险控制 [J]. 上海城市管理, 2010 (1).
[27] 郭秀云. 重大项目：从“社会影响评价”到“社会稳定风险评估” [J]. 中国社会公共安全研究报告, 2015 (1).
[28] 何艳玲. “回归社会”：中国社会建设与国家治理结构调适 [J]. 开放时代, 2013 (3).
[29] 何艳玲. “嵌入式自治”：国家—地方互嵌关系下的地方治理 [J]. 武汉大学学报 (哲学社会科学版), 2009 (4).
[30] 侯力. 从“城乡二元结构”到“城市二元结构”及其影响 [J]. 人口学刊, 2007 (2).
[31] 胡建刚, 张先福. 正确认识公安机关治安调解的作用和意义 [J]. 山东警察学院

学报，2005（6）.
[32] 胡夏冰，陈春梅. 我国人民法庭制度的发展历程［J］. 法学杂志，2011（2）.
[33] 黄秋娜. 社会组织参与食品安全风险治理的法律促进机制［J］. 行政与法，2016（6）.
[34] 黄晓春，周黎安. 政府治理机制转型与社会组织发展［J］. 领导科学，2018（7）.
[35] 黄晓春. 中观层次：优化特大型城市的风险复合治理结构［J］. 探索与争鸣，2015（3）.
[36] 黄晓勇. 中国社会组织报告（2016—2017）［M］. 北京：社会科学文献出版社，2017.
[37] 黄艳好. 人民调解与信访对接机制研究：以广安市广安区“调访对接”实例为视点［J］. 法治论坛，2009（2）.
[38] 纪莺莺. 从“双向嵌入”到“双向赋权”：以N市社区社会组织为例：兼论当代中国国家与社会关系的重构. 浙江学刊，2017（1）.
[39] 蒋晓丽，邹霞. 新媒体：社会风险放大的新型场域：基于技术与文化的视角［J］. 上海行政学院学报，2015（3）.
[40]［英］卡尔·波兰尼. 大转型：我们时代的政治与经济起源［M］. 冯钢，刘阳，译. 杭州：浙江人民出版社，2007.
[41] 康晓光，韩恒. 分类控制：当前中国大陆国家与社会关系研究［J］. 社会学研究，2005（6）.
[42] 孔祥利. 社会组织参与信访矛盾化解：实践探索与作用分析［J］. 中国行政管理，2014（10）.
[43] 李殿伟，赵黎明. 社会稳定与风险预警机制研究［J］. 经济体制改革，2006（2）.
[44] 李立国. 改革社会组织管理制度激发和释放社会发展活力［J］. 求是，2014（10）.
[45] 李梦蝶. 论人民调解协议的司法确认［D］. 上海：华东政法大学，2012.
[46] 李晓凤、佘双好. 质性研究方法［M］. 武汉：武汉大学出版社，2006.
[47] 李晓燕，岳经纶. 社会矛盾化解机制研究：基于多中心治理视角［J］. 社会工作，2014（2）.
[48] 李艳. 政府和社区NGO合作化解社区矛盾［J］. 党政论坛，2016（3）.

[49] 李友梅. 城市发展周期与特大型城市风险的系统治理 [J]. 探索与争鸣，2015 (3).
[50] 李友梅. 我国特大城市基层社会治理创新分析 [J]. 中共中央党校学报，2016 (2).
[51] 林奇凯，刘海潮，梁虹. 当前城市社会风险预警管理现状及其机制构建：以宁波市为例 [J]. 宁波大学学报 (人文科学版)，2012 (1).
[52] 刘婧. 现代社会风险解析 [J]. 浙江社会科学，2005 (1).
[53] 刘思达. 割据的逻辑：中国法律服务市场的生态分析 [M]. 上海：上海三联书店，2011.
[54] 刘延海. 网络谣言诱致社会风险的演化过程及影响因素：基于扎根理论的研究 [J]. 情报杂志，2014 (8).
[55] 刘岩，孙长智. 风险概念的历史考察与内涵解析 [J]. 长春理工大学学报 (社会科学版)，2007 (3).
[56] 刘岩. 风险社会理论新探 [M]. 北京：中国社会科学出版社，2008.
[57] 刘正强. 人民调解：国家治理语境下的政治重构 [J]. 学术月刊，2014 (10).
[58] 刘中起，风笑天. 走向多元治理化解：新形势下社会矛盾化解机制的新探索 [J]. 福建论坛 (人文社会科学版)，2010 (1).
[59] 陆春萍. 转型期人民调解机制社会化运作 [M]. 北京：中国社会科学出版社，2010.
[60] 陆益龙. 纠纷解决的法社会学研究：问题及范式 [J]. 湖南社会科学，2009 (1).
[61] [美] 马克·格兰诺维特. 镶嵌：社会网络与经济行动 [M]. 罗家德，译. 北京：社会科学文献出版社，2007.
[62] 毛寿龙. 西方政府的治道变革 [M]. 北京：中国人民大学出版社，1998.
[63] 潘修华. 社会组织参与社会矛盾化解探析 [J]. 理论探讨，2016 (2).
[64] 彭勃. 国家控制和社区治理：以上海社区调解为例 [J]. 复旦政治学评论，2003 (1).
[65] 彭少峰，杨君. 政府购买社会服务新型模式：核心理念与策略选择：基于上海的实践反思 [J]. 社会主义研究，2016 (1).
[66] 亓光，李广文. 多元化治理过程中的公共事务协商机制 [J]. 探索，2014 (6).
[67] 秦铁铮. 浅议信访代理制度 [J]. 理论视野，2014 (2).
[68] [美] 塞缪尔·P. 亨廷顿. 变化社会中的政治秩序 [M]. 王冠华，等译. 北京：

生活·读书·新知三联书店，1989.
[69] [以] S. N. 艾森斯塔德. 现代化：抗拒与变迁 [M]. 张旅平，译. 北京：中国人民大学出版社，1988.
[70] 施俊镇. 公安机关的治安调解职能应当弱化 [J]. 江西公安专科学校学报，2005 (2).
[71] 施雪华，张琴. 国外治理理论对中国国家治理体系和治理能力现代化的启示 [J]. 学术研究，2014 (6).
[72] 司马媛，童星. 对风险社会理论的再思考及政策适应 [J]. 学习与实践，2011 (12).
[73] [英] 斯科特·拉什，王武龙. 风险社会与风险文化 [J]. 马克思主义与现实，2002 (4).
[74] 宋林飞. 社会风险指标体系与社会波动机制 [J]. 社会学研究，1995 (6).
[75] 宋林飞. 中国社会风险预警系统的设计与运行 [J]. 东南大学学报（哲学社会科学版），1999 (1).
[76] 苏博文，李桂平. 全面建成小康社会背景下的社会风险治理创新 [J]. 重庆社会科学，2018 (5).
[77] 苏国勋. 理性化及其限制：韦伯思想引论 [M]. 上海：上海人民出版社，1988.
[78] 汤维建. 群体性纠纷诉讼解决机制论 [M]. 北京：北京大学出版社，2008.
[79] 唐文玉. 权威型合作与民主型合作：合作治理的政治社会学类型分析 [J]. 广东行政学院学报，2011 (5).
[80] 田歌. 基于地方政府行为角度规范我国信访制度：关于信访代理制度的探索 [J]. 延边党校学报，2010 (3).
[81] 田毅鹏，薛文龙. “后单位社会”基层社会治理及运行机制研究 [J]. 学术研究，2015 (2).
[82] 田毅鹏，张帆. 社会矛盾调处中政府与社会组织的“互嵌性”运作：以J市信访法律事务服务中心为例 [J]. 社会科学，2018 (5).
[83] 田毅鹏. “典型单位制”的起源和形成 [J]. 吉林大学社会科学学报，2007 (4).
[84] 田应梅. 论人民调解中的诉调对接机制 [J]. 贵州警官职业学院学报，2017 (1).
[85] 童星，张海波. 群体性突发事件及其治理：社会风险与公共危机综合分析框架下的再考量 [J]. 学术界，2008 (2).

[86] 王超锋，朱谦. 重大环境决策社会风险评估制度的构建探究 [J]. 河南财经政法大学学报，2016 (2).

[87] 王名，王春婷. 推位让治：社会组织参与社会治理路径 [J]. 开放导报，2014 (5).

[88] 王思斌，阮曾媛琪. 和谐社会建设背景下中国社会工作的发展 [J]. 中国社会科学，2009 (5).

[89] 王思斌，中国社会工作的嵌入性发展 [J]. 社会科学战线，2011 (2).

[90] 王志华. 论政府向社会组织购买公共服务的体制嵌入 [J]. 求索，2012 (2).

[91] [德] 乌尔里希·贝克，邓正来，沈国麟. 风险社会与中国：与德国社会学家乌尔里希·贝克的对话 [J]. 社会学研究，2010 (5).

[92] [德] 乌尔里希·贝克，郗卫东. 风险社会再思考 [J]. 马克思主义与现实，2002 (4).

[93] [德] 乌尔里希·贝克. 风险社会 [M]. 何博闻，译. 南京：译林出版社，2004.

[94] [德] 乌尔里希·贝克. 世界风险社会 [M]. 吴英姿，孙淑敏，译. 南京：南京大学出版社，2004.

[95] 毋爱斌. 对我国人民调解各地模式的考察 [J]. 法治论坛，2009 (2).

[96] 吴斌才. 从分类控制到嵌入式治理：项目制运作背后的社会组织治理转型 [J]. 甘肃行政学院学报，2016 (3).

[97] 吴林海，龚晓茹，吕煜昕. 村民自治组织参与农村食品安全风险治理的动因与路径 [J]. 江海学刊，2017 (3).

[98] 吴忠民. 现阶段中国的社会风险与社会安全运行：当前中国重大问题研究报告之一 [J]. 科学社会主义，2004 (5).

[99] 吴忠民. 以妥协方式有效化解社会矛盾 [J]. 中国人民大学学报，2018 (1).

[100] 吴忠民. 中国现阶段社会风险增多的原因分析 [J]. 中共中央党校学报，2006 (6).

[101] 夏玉珍，吴娅丹. 中国正进入风险社会时代 [J]. 甘肃社会科学，2007 (1).

[102] 肖璐，曹庆瑾. 社会预警指标体系设计及预警评判标准界定：基于社会稳定视角 [J]. 公共管理高层论坛，2008 (1).

[103] 谢迪斌. 风险治理与和谐社会的构建 [J]. 教学与研究，2005 (6).

[104] 谢俊贵. 网络社会风险规律及其因应策略 [J]. 社会科学研究，2016 (6).

[105] 熊蕊. 新时期社会风险治理中社会组织的参与路径研究：基于江苏社会风险的

视角［J］. 天水行政学院学报（哲学社会科学版），2015（1）.
［106］熊易寒. 人民调解的社会化与再组织：对上海市杨伯寿工作室的个案分析［J］. 社会，2006（6）.
［107］徐永祥. 建构式社会工作与灾后社会重建：核心理念与服务模式：基于上海社工服务团赴川援助的实践经验分析［J］. 华东理工大学学报（社会科学版），2009（1）.
［108］薛澜，周玲，朱琴. 风险治理：完善与提升国家公共安全管理的基石［J］. 江苏社会科学，2008（6）.
［109］杨典. 特大城市风险治理的国际经验［J］. 探索与争鸣，2015（3）.
［110］杨雪冬，等. 风险社会与秩序重建［M］. 北京：社会科学文献出版社，2006.
［111］杨雪冬. 全球化、风险社会与复合治理［J］. 马克思主义与现实，2004（4）.
［112］易承志. 社会组织在应对大都市突发事件中的作用及其实现机制［J］. 中国行政管理，2014（2）.
［113］尹力. 中国调解机制研究［M］. 北京：知识产权出版社，2008.
［114］俞可平. 治理与善治［M］. 北京：社会科学文献出版社，2000.
［115］［美］詹姆斯·N. 罗西瑙. 没有政府的治理［M］. 张胜军，刘小林，等译. 南昌：江西人民出版社，2001.
［116］张成福，谢一帆. 风险社会及其有效治理的战略［J］. 中国人民大学学报，2009（5）.
［117］张海波. 社区在公共安全管理中的角色整合与能力建设［J］. 江苏社会科学，2011（6）.
［118］张勤，华炜. 社会组织治理社会风险的能力研究：基于江苏社会风险的视角［J］. 行政论坛，2015（2）.
［119］张勤. 当代中国基层调解［M］. 北京：中国政法大学出版社，2012.
［120］张卫平. 人民调解：完善与发展的路径［J］. 法学，2002（12）.
［121］张昱. 中国本土社会工作实务的实践逻辑及其反思［J］. 社会科学，2008（5）.
［122］章武生. 论我国大调解机制的构建：兼析大调解与 ADR 的关系［J］. 法商研究，2007（6）.
［123］赵方杜，石阳阳. 社会韧性与风险治理［J］. 华东理工大学学报（社会科学版），2018（2）.
［124］赵萍，徐艳玲. 全球化进程中我国社会风险的表征、根源及应对［J］. 理论学刊，2014（11）.

[125] 赵萍. 风险社会理论视域下中国社会治理创新的困境与出路研究 [D]. 济南: 山东大学, 2014.

[126] 赵万里. 科学技术与社会风险 [J]. 科学技术与辩证法, 1998 (3).

[127] 赵兴. 改革开放进程中国家与社会关系的嬗变: 中国公民社会的发育与成长论析 [J]. 江汉大学学报（社会科学版）, 2010 (1).

[128] 赵旭东. 纠纷与纠纷解决原论: 从成因到理念的深度分析 [M]. 北京: 北京大学出版社, 2009.

[129] 赵延东. 风险社会与风险治理 [J]. 中国科技论坛, 2004 (4).

[130] 赵延东. 培育应对特大型城市风险挑战的社会资本 [J]. 探索与争鸣, 2015 (3).

[131] 赵延东. 社会资本与灾后恢复: 一项自然灾害的社会学研究 [J]. 社会学研究, 2007 (5).

[132] 郑永年, 黄彦杰. 风险时代的中国社会 [J]. 文化纵横, 2012 (5).

[133] 郑杭生, 洪大用. 中国转型期的社会安全隐患与对策 [J]. 理论参考, 2004 (11).

[134] 周雪光. 国家治理逻辑与中国官僚体制: 一个韦伯理论视角 [J]. 文化纵横, 2013 (3).

[135] 朱庆芳. 社会指标课题研究初见成效 [J]. 社会科学战线, 1990 (4).

二、英文文献

[1] Alexander N. Trends in mediation: riding the third wave [M]. The Hague: Kluwer Law International, 2006.

[2] Chang K S. The second modern condition? Compressed modernity as internalized reflexive cosmopolitization [J]. British Journal of Sociology, 2010, 61 (3).

[3] Douglas M, Wildavsky A. Risk and culture [M]. Berkeley: University of California Press, 1992.

[4] Hood C, James O, Scott C, et al. Regulation inside government: waste-watcher, quality police and sleaze-busters [M]. Oxford: Oxford University Press, 1999.

[5] Hood C, Rothstein H, Baldwin R. The government of risk: understanding risk regulations regimes [M]. Oxford: Oxford University Press, 2001.

[6] Klinke A, Renn O. Expertise and experience: A deliberative system of a functional division of labor for postnormal risk governance [J]. The European Journal of Social

Science Research, 2014, 27 (4).

[7] Krimsky S, Golding D. Social theories of risk [M]. New York: Praeger PublishersInc, 1992.

[8] Kunreuther H C, Ley E V. The risk analysis controversy: an institutional perspective [M]. New York: Spring-Verlag, 1982.

[9] Renn O. Stakeholder and public involvement in risk governance [J]. International Journal of Disaster Risk Science, 2015, 6 (1).

[10] Strydom P. Risk, environment and society [M]. Buckingham: Open University Press. 2002.

[11] The Commission on Global Governance. Our global neighborhood: the report of the commission on global governance [M]. Oxford: Oxford University Press, 1995.

[12] Toma S V, Alexa I V, Şarpe D. The risks and the governments [J]. Procedia-Social and Behavioral Sciences, 2012, 62 (1).

附　　录

附录1　调解组织负责人访谈提纲

访谈编号：

一、调解组织成立背景及基本信息

1. 调解组织的成立时间、背景及缘由是什么？

2. 调解组织的性质是独立的民非、社团，还是群众性组织？为什么要成立这种性质的社会组织？

3. 工作人员中全职和兼职人员各有多少人？社会招聘还是退休返聘？

4. 个人出于什么原因选择来担任负责人一职？

5. 调解组织有无相应的矛盾纠纷调解的规章制度及运作规范？

二、调解组织运作情况

1. 调解组织经费来源、经费管理和使用情况如何？一直依靠政府购买服务吗？

2. 调解组织的办公场所有哪些？属于租赁还是免费使用？

3. 调解组织的业务主管单位是谁？如何理解所在调解组织与业务主管单位之间的关系？平时与业务主管单位之间有无联系，以何种形式进行联系，频次如何？

4. 调解组织主要的业务是什么？调解员们平时都开展哪些工作？

5. 调解组织是如何参与矛盾纠纷化解的？案件来源有哪些？需要与哪

些部门合作？平时需要与这些部门开展联席会议吗？

三、调解组织发展情况

1. 调解组织在参与矛盾纠纷化解中遇到了哪些困难与不足？

2. 调解组织未来的发展方向是什么？有什么期望？

3. 调解组织中矛盾纠纷化解的代表人物、经典案例有哪些？程序与方法是什么？

4. 调解组织在矛盾纠纷化解中的优势、经验与特色，以及困惑、不足与障碍是什么？

5. 调解组织未来的发展趋势与设想有哪些？

附录2 调解组织调解员访谈提纲

访谈编号：

1. 请介绍一下个人基本信息，包括年龄、专业、从业时间等。

2. 为什么来到该调解组织担任调解员？是退休工作人员吗？通过社会招聘还是别的途径？

3. 平时在调解组织中担任的工作是什么？

4. 是否愿意承接外街镇的服务？

5. 调解组织是否有安排培训？是什么样的培训？

6. 目前薪酬待遇如何？满意吗？

7. 是否考虑过跳槽？调解员的职业的发展如何？社会对调解员的看法如何？

8. 你认为应怎样优化调解员这一职业的发展？

9. 如何看待调解类社会组织参与矛盾纠纷化解这一现象？

10. 所在调解组织目前在发展上遇到哪些困境与不足？其优势又是什么？

附录 3　政府部门工作人员访谈提纲

访谈编号：

1. 请介绍一下所在部门的基本情况。

2. 近些年来区矛盾纠纷种类和发展趋势上呈现出什么样的变化？

3. 所在部门为什么要推动该民非组织的成立？

4. 政府部门给予了调解组织什么支持？可以从人员、运作资金、办公场地等方面谈一谈。

5. 区内有无其他从事调解工作的组织，各承担什么层面的矛盾纠纷化解工作？效果如何？

6. 民非组织跟其他非民非组织相比，在矛盾纠纷化解上有什么优势？

7. 政府部门平时以何种形式与社会组织进行交流？频次如何？

8. 政府部门对该社会组织的发展有什么要求或者期望？

9. 如何看待社会组织参与矛盾纠纷化解这一做法？

10. 如何看待部分调解工作室承接外街镇服务的情况？

附录4 居委会（村委会）工作人员访谈提纲

访谈编号：

1. 请介绍一下居委会（村委会）的基本情况，包括组织架构与工作人员数量等。

2. 居村目前遇到哪些矛盾纠纷？包括哪些类型？当前最严峻的矛盾纠纷是什么？

3. 居委会（村委会）工作人员是否参与矛盾纠纷的化解？是否都参与？

4. 居委会（村委会）在化解矛盾纠纷中遇到什么困难与不足？

5. 居委会（村委会）是否设立人民调解委员会？何人担任负责人？在矛盾纠纷化解中的角色是什么？

6. 居委会（村委会）设立的人民调解委员会是否起到了相应的作用？

7. 与街镇设立的调解组织是否有工作上的往来？内容是什么？

8. 如何看待社会组织参与矛盾纠纷化解这一现象？

后　　记

人民调解是中国特色司法制度的重要组成部分，在矛盾纠纷多元化解机制中发挥着重要的基础性作用。传统的对人民调解的研究更多是从法学、法社会学出发的角度，本书则主要从社会学、社会治理的角度对人民调解展开研究，关注在社会治理体系和治理能力现代化进程中人民调解所发挥的独特作用。

这本书源于近几年来我对人民调解的持续关注，以及在浦东新区的实证调研。从本质上讲，人民调解起源于“枫桥经验”。2018 年是毛泽东批示学习推广“枫桥经验”55 周年，也是习近平总书记指示坚持发展“枫桥经验”15 周年。这使得对“枫桥经验”、人民调解进行探讨的论文、著作逐渐增多，各地也在打造各具特色的地方经验，这也启发我逐渐将人民调解与风险治理结合起来，以一种社会学的视野来展开分析。本书是我和我的两位硕士研究生石阳阳、鲍丙习共同完成的。他们全程参与了相关调研工作，在提纲拟定、初稿写作中与我多次讨论，并以其中的资料和内容为基础完成了他们的学位论文。我从 2019 年下半年开始对本书的内容进行逐字逐句的修订，对其中的大部分内容进行了重写，一直持续到 2020 年上半年才完成。

感谢浦东新区司法行政部门的工作人员在调研中给予的帮助，感谢区人民调解组织的各位调解员接受我们的访谈，并提出他们对发展人民调解的真知灼见。感谢丛书主编吴柏钧教授在丛书策划、写作等方面给予的支持和帮助。

由于水平有限，书中难免有疏漏之处，敬请各位读者批评指正。

赵方杜

2020 年 6 月 30 日